ISBN 2-7427-4505-X

STÉPHANIE DE COURTOIS

# Le Potager du roi

## *The King's Vegetable Garden*

Nouvelle édition revue, augmentée

***Traduction anglaise : Carol Brick-Stock***

ÉCOLE NATIONALE SUPÉRIEURE DU PAYSAGE
10, RUE DU MARÉCHAL-JOFFRE - 78000 VERSAILLES

*ACTES SUD*

BEURRE HARDY

# Comment d'un marécage l'on fit le Potager du roi

## *How the King's Vegetable Garden was made out of marshland*

Louis XIV, le Roi-Soleil, souhaite un palais à sa mesure : roi de droit divin, au pouvoir absolu, il veut éblouir les nations et contraindre une noblesse volontiers frondeuse à l'obéissance. En 1661, après l'insolente magnificence de la fête offerte par son surintendant des Finances, Fouquet, à Vaux-le-Vicomte, le roi affirme sa puissance ; il fait emprisonner Fouquet et s'attache les artistes qui avaient réalisé Vaux. Tous vont œuvrer à sa propre glorification, pour réaliser un palais à partir du petit pavillon de chasse de son père Louis XIII, le "château de cartes", et métamorphoser forêts et marécages nauséabonds qui l'entourent en un jardin d'une ampleur inégalée.

Sous la direction attentive de Louis XIV, les meilleurs artistes de l'époque vont faire de Versailles la première cour d'Europe, en particulier Le Vau pour l'architecture, Le Nôtre pour les jardins, Le Brun pour la sculpture. Connu pour ses compétences dans le domaine des jardins fruitiers et potagers, La Quintinie est chargé de fournir en fruits et légumes la table du roi.

Le potager de Louis XIII, à l'emplacement de l'actuelle bibliothèque municipale, est son premier terrain d'expérience à Versailles. La Quintinie fit si bien qu'il fut nommé en 1670 "Directeur des jardins fruitiers et potagers des maisons royales".

Louis XIV, the Sun King, wanted a palace that was worthy of his name. A ruler of divine law with absolute power, he wanted to impress the world and bring a rebellious nobility to order. In 1661, following a magnificent feast hosted by his financial superintendent, Fouquet, at Vaux-le-Vicomte, the king proved how powerful he was. He had Fouquet imprisoned and appropriated the artists who had designed Vaux to his services. They were all to devote themselves to creating a palace from the small hunting lodge which belonged to his father Louis XIII, called "the house of cards" and transform the forests and putrid swampland that surrounded it into a garden that would be unrivalled.

Under the eagle eye of Louis XIV, the best artisans in the country turned Versailles into the most impressive court in Europe, in particular Le Vau for its architecture, Le Nôtre for the gardens, and Le Brun for the sculptures. La Quintinie, famous for his green fingers in the vegetable gardens, was responsible for supplying the king's table with high quality fruits and vegetables.

Louis XIII's Vegetable Garden, which was situated where the present municipal library is, was his first experience of working in the gardens of Versailles. La Quintinie did such a good job that he was named "Director of the fruit and vegetable gardens of the royal houses" in 1670.

Au niveau bas du jardin, les arbres profitent de leur situation abritée.
*At the lower end of the garden, trees thrive in a sheltered spot.*

La Quintinie

Né en 1624 à Chabanais en Charente, Jean-Baptiste La Quintinie, après des études de droit, fut reçu à Paris comme avocat à la cour du Parlement, et maître des requêtes de la Reine. Jean Tambonneau, président de la Cour des comptes, le remarqua, et lui confia l'éducation de son fils Michel. La Quintinie partit alors pour un "grand tour" en Italie, afin de familiariser son élève avec les arts. Très impressionné par ces jardins, par la beauté de la végétation, il décida de se consacrer à l'horticulture.
Dévorant les écrits des auteurs anciens, en particulier les agronomes Pline et Columelle, il se mit aussi au fait des théories contemporaines, et s'exerça à la pratique dans le jardin de M. Tambonneau à Paris.
Sa renommée le fit appeler par les grands de l'époque, et il créa des jardins potagers et fruitiers à Sceaux, Rambouillet. Louis XIV le débaucha pour diriger l'ancien potager de Louis XIII à Versailles.
En 1670, il est fait directeur de tous les jardins fruitiers et potagers royaux, charge créée pour lui. Tout en continuant à veiller sur ses anciennes créations, il est responsable des jardins royaux ainsi que des arbres de l'orangerie construite par Mansart.
En 1678, il entreprend la création d'un nouveau potager qui le rend plus célèbre encore.
Soucieux d'avoir été parfois mal imité, La Quintinie rédige son *Instruction pour les jardins fruitiers et potagers,* publiée à titre posthume en 1690. Il y livre ses expériences dans le domaine des primeurs, mais aussi de la taille des fruitiers. Le premier, il met en évidence le rôle de la sève dans la croissance et la fructification des arbres fruitiers, ainsi que le système racinaire des arbres, et les précautions à prendre lors de leur transplantation.
Devant tant de services rendus, il est anobli en 1687 par Louis XIV. A sa mort le 11 novembre 1688, Louis XIV confia à sa veuve : "Madame, nous avons fait une grande perte que nous ne pourrons jamais réparer."
La Quintinie, en effet, a eu beaucoup d'influence grâce aux liens tissés avec de nombreux savants et curieux de son époque, français ou étrangers...

La cour devint plus importante, il fallut agrandir le potager, et l'on dut choisir un nouvel emplacement. La Quintinie eût préféré un terrain bien exposé près de Clagny. Mais on pensa avant tout à contribuer à la cohérence des tracés et à la mise en valeur du terrain aux abords du château, et le potager fut établi près de la pièce d'eau des Suisses, "dans une situation commode pour les promenades et la satisfaction du Roi". Les travaux s'échelonnèrent entre 1678 et 1683 et leur coût atteignit une somme considérable, plus d'un million de livres. En effet, il fallut assécher une zone marécageuse appelée "l'Etang puant". On draina donc le sol au moyen d'un grand drain auquel se rattache un important réseau de pierrées, dont La Quintinie donne la définition :
"C'est une petite conduite d'eau qu'on fait sous terre avec du moellon sec par en bas, et couvert de mortier par en haut, pour faire écouler des eaux souterraines qui rendraient la terre d'un jardin trop humide, trop froide et pourrissante." On combla ensuite avec les déblais de la pièce d'eau des Suisses. Pour améliorer la terre, qui était "de la nature de celles qu'on voudrait ne trouver nulle part", une machine ingénieuse transporta de bonnes terres depuis les collines de Satory. Les travaux se poursuivirent ensuite selon le tracé de La Quintinie, Mansart réalisant les maçonneries – terrasses, murs...

L'ouvrage de La Quintinie, une référence pratique et théorique.
*La Quintinie's book, a practical and theoretical survey.*

## La Quintinie

Born in 1624 in Chabanais (Charente), Jean-Baptiste La Quintinie took legal studies and became a lawyer at the Parliamentary Courts and Counsel to the Queen (nowadays Conseil d'Etat). Jean Tambonneau, President of the Revenue Court, noted his brilliance and asked La Quintinie to tutor his son Michel. La Quintinie left on a long trip to Italy to educate his student in the arts.
He was so impressed with the gardens and the beauty of the vegetation he came across, that he decided to dedicate his career to horticulture.
An avid reader of classic authors on the subject, in particular the agronomists Pline and Columelle, he learned about contemporary theories which he put to practice in the garden of Mr. Tambonneau in Paris. He soon gained a reputation and was employed by the nobility, designing the vegetable and fruit gardens in Sceaux and Rambouillet. Louis XIV soon hired him to take over the former vegetable garden of Louis XIII in Versailles.
In 1670, La Quintinie was made director of all the royal fruit and vegetable gardens, a position especially created for him. As well as supervising all his other gardens, he was responsible for the royal gardens and the trees in the *Orangerie* built by Mansart. In 1678 he designed a new vegetable garden which made him even more famous.
La Quintinie was concerned that his work had sometimes been badly imitated, and *Instruction pour les jardins fruitiers et potagers (Instructions for fruit and vegetable gardens)* was published in 1690, after his death. In the handbook he talks about his experience of growing early fruits and vegetables, and the pruning of fruit trees. He emphasises the role of sap in the growth and fructification of fruit trees, as well as the root system of trees and the precautions required when transplanting them. As a reward for exceptional service to the court, he was enobled in 1687 by Louis XIV. When La Quintinie died, 11 November 1688, Louis XIV confessed to his widow: "Madame, we have suffered a great loss which can never be repaired." La Quintinie had enormous influence thanks to the relationships he nurtured with many scholars of his time, both in France and abroad.

The court grew, a bigger vegetable garden was required and so a new plot had to be found. La Quintinie would have preferred a well-exposed piece of land near Clagny. But priority was given to increasing the splendour surrounding the château and the Vegetable Garden was established near the Water Mirror of the Suisses "in a convenient spot for the king's walks and his personal satisfaction". The work lasted between 1678 and 1683 and the cost was considerable at over a million pounds.
A large swamp called the "Stinking Pond" had to be dried out. The ground was drained by installing a large network of dry-stone which La Quintinie defined as thus:
"It is a small underground water main with rubble stone on the bottom covered over with mortar on top so that underground reserves, which make garden soil too humid, too cold and prone to rot, flow off."
This was completed with the rubble from the Water Mirror of the Suisses. In order to improve the earth which was "like no other earth one could wish to find elsewhere", a clever machine transported soil from the hills of Satory. The work then continued according to La Quintinie's plans, and Mansart carried out the stonework, including the terraces and the walls.

Des travaux titanesques furent nécessaires pour aménager "l'Etang puant".
*A colossal amount of work was required to convert the "Stinking Pond".*

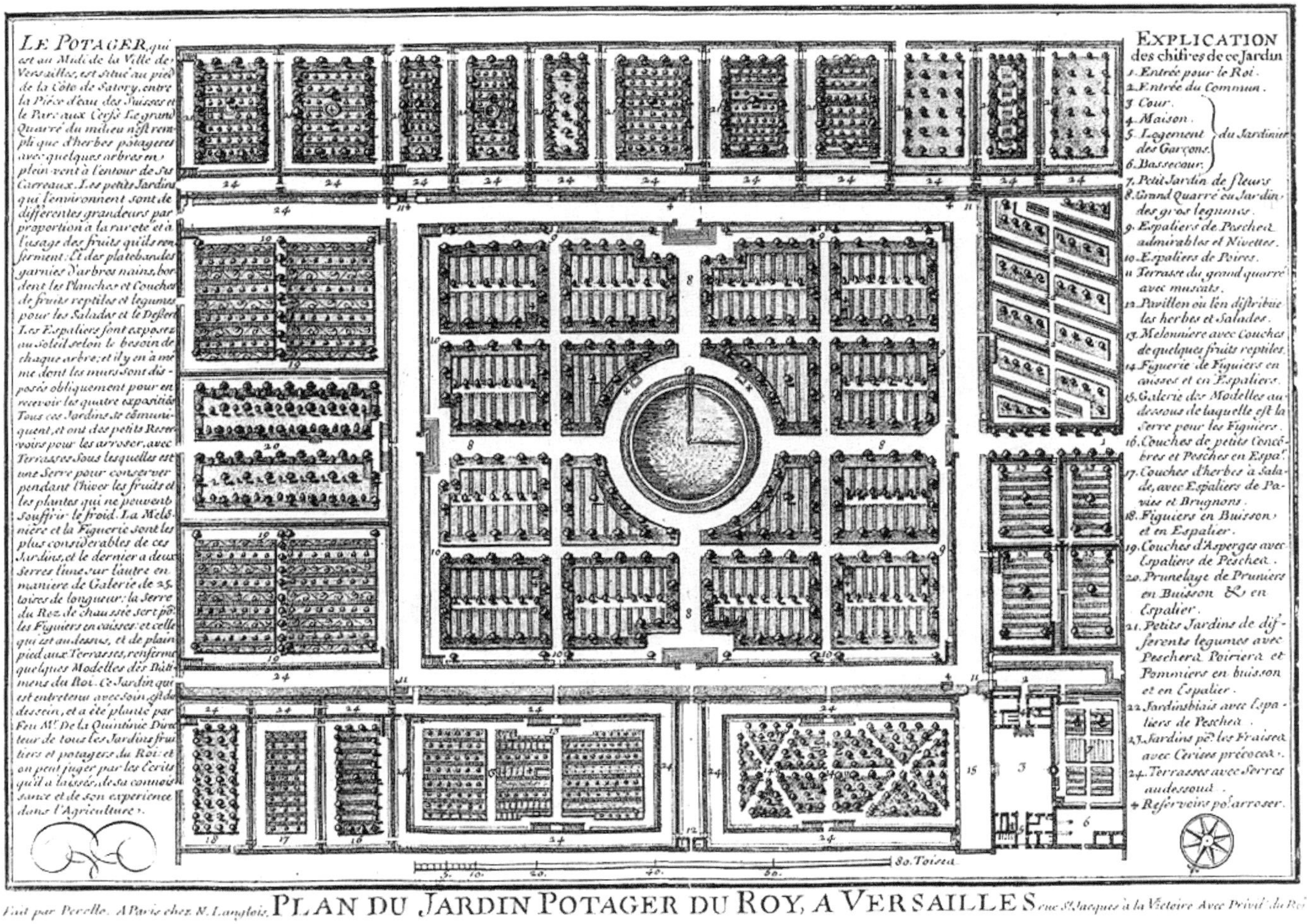


Une création *ex nihilo* : le Grand Carré du Potager du roi est entouré de vingt-neuf jardins clos.
*An* ex nihilo *creation: the Grand Carré of the King's Vegetable Garden is surrounded by twenty nine walled gardens.*

Le plan du Potager du roi actuel a peu changé par rapport à celui de La Quintinie. Il occupait vingt-cinq arpents, soit un peu plus de neuf hectares. Le Grand Carré est composé de seize "carrés" de légumes disposés autour d'un grand bassin, entourés d'arbres en buisson. Une terrasse domine l'ensemble, offrant au roi et à ses visiteurs une vision théâtrale des cultures de fruits et de légumes et des jardiniers. Tout autour du Grand Carré, derrière de hauts murs, vingt-neuf jardins clos abritent arbres fruitiers, en forme libre ou conduits en espaliers, légumes et petits fruits.

L'ensemble forme une succession de jardins en creux, de "chambres" abritées, dont les murs et les terrasses multiplient les expositions et les micro-climats, afin d'étaler les productions. En effet, à partir de 1683, La Quintinie va faire du potager de Versailles un jardin réputé, élément dynamique dans les milieux de l'horticulture parisienne : sa maîtrise des techniques de culture, en particulier, lui permet de développer la production à contre-saison. La Quintinie poursuit ses expériences, afin d'améliorer le goût, l'aspect, la précocité des productions royales ; il acquiert ainsi une réputation immense, comme précurseur de la culture des primeurs, domaine dans lequel il réalise de véritables tours de force.

Louis XIV est un gourmet, et raffole des figues. Aussi La Quintinie va-t-il créer, sur le principe de l'Orangerie, une Figuerie, jardin en creux, de plain-pied avec un grand bâtiment où il abritera les figuiers en caisse des intempéries de l'hiver. Des figuiers sont aussi palissés contre les murs ; ce sont plus de sept cents arbres qui assureront la production des figues 'Grosse blanche', 'Grosse jaune', 'Grosse violette', 'Verte', 'Angélique', 'Noire'... La Quintinie parviendra même à en offrir au roi dès la mi-juin.

La Quintinie avait réservé, dans son potager, d'autres emplacements pour des cultures particulières : la Melonnière ; trois jardins qui fournissaient les "herbes, concombres et autre verdure" ; la Prunelaye pour les prunes qu'il tenait en haute

The layout of the present Vegetable Garden has hardly changed from the one La Quintinie first designed. It stretches over twenty-five acres, a little over nine hectares. The *Grand Carré* or Quadrangle is made up of sixteen "squares" of vegetables laid out around a large pond and surrounded by shrubs. A terrace overlooks the garden which allowed the king and his guests to enjoy a superb view of the fruit and vegetable gardens and the gardeners as they worked. Behind high walls, surrounding the entire Grand Carré, twenty-nine enclosed gardens contain fruit trees, both unattached or espaliered, vegetables and small fruit bushes.

The whole formed a succession of hollowed gardens, sheltered "chambers" whose walls and terraces increased exposure to light and micro-climates in order to stagger production. From 1683 onwards, La Quintinie was responsible for making the Vegetable Garden in Versailles famous, and it was held up as an example to the Parisian circle of horticulturists. His mastery of cultivating techniques in particular allowed him to grow produce out of season. La Quintinie carried on experimenting in order to improve the taste, aspect and precocity of royal fruit and vegetables. He gained a fabulous reputation for himself as the forerunner of early fruit and vegetables, an area in which he excelled.

Louis XIV was a gourmet who adored figs, and La Quintinie created a *Figuerie* or Fig Garden based on the existing *Orangerie*. This was a hollowed out garden on the same level as a large outbuilding which sheltered the fig trees in wintertime. Some fig trees were espaliered against the walls. It took over seven hundred trees to supply the required amount of figs: 'Large white', 'Large yellow", 'Large violet', 'Verdone', 'Angélique', 'Black'. La Quintinie even succeeded in producing figs for the king in mid-June. La Quintinie set aside other plots in his vegetable garden for specific growths: the Melon Patch, three gardens which supplied "herbs, cucumbers and other green leaves", the Plum garden of which La Quintinie was particularly proud, and two further plots, one

## Expositions

Les sept cents pieds de figuiers à l'abri dans le jardin creux, vers 1690.
*The seven hundred fig trees were sheltered in the sunken garden.*

Comme l'explique La Quintinie, le choix des expositions est essentiel pour étaler la production tout au long de l'année : "Exposition est le terme dont nous nous servons pour marquer l'endroit heureux où le soleil donne et l'endroit malheureux où il ne donne que peu, ou point du tout." Les expositions au midi, au levant, au couchant ou au nord différencient donc la culture des espaliers ou des légumes, mais "chez les jardiniers, ces termes [...] signifient tout le contraire de ce qu'ils signifient chez les astrologues et chez les géographes ; car ceux-ci ne regardent que les endroits où le soleil paraît actuellement, et non pas les endroits que ces rayons éclairent". "L'exposition du midi est d'ordinaire propre à conserver les plantes des rigueurs de l'hiver, à donner du goût aux légumes, et aux fruits, et à avancer tout ce qui dans chaque saison doit venir de bonne heure." Cependant, le choix de l'exposition dépend aussi de la qualité de la terre, de l'abri des vents... Aussi La Quintinie conclut-il : "Chaque exposition a son bien et son mal ; il faut savoir profiter de l'un et se défendre de l'autre tout le plus qu'il sera possible." La disposition du Potager avec ses nombreux jardins permet de multiplier les murs, et les bonnes expositions, tout en abritant les productions des vents.

estime ; près de la Grille royale, un jardin était réservé aux fraises, un autre aux cerises. Dans les autres parcelles, il récoltait toutes sortes de fruits, en majorité des poires et des pommes, dont il recommandait d'avoir, respectivement, une cinquantaine et une vingtaine de variétés, afin de présenter été comme hiver les meilleurs fruits. Les légumes aussi s'échelonnaient tout au long de l'année grâce à de nombreuses variétés comme les seize sortes de salades, ou à des espèces pour chaque saison : nasturces, salsifis d'Espagne, potirons... La pomme de terre et la tomate seront introduites bien plus tard au Potager.
Le Potager est en outre un véritable laboratoire expérimental : La Quintinie essaie différents procédés de taille, de traitements. Il dessine aussi, près de la Grille du roi, un "jardin biais", qui demeura en service jusqu'à la Révolution : en installant des palissades orientées nord-sud afin de bénéficier d'un ensoleillement maximum, le jardinier souhaite avancer les récoltes de pêches. De même, La Quintinie multiplie les variétés fruitières, mais dans le seul but de choisir les meilleures, et non pour en faire une simple collection :
"Si cependant il se trouve quelque curieux qui veuille avoir dans son jardin toutes sortes de figues, aussi bien que toutes sortes de poires, pommes, pêches, prunes, raisins, etc., en sorte que, pour ainsi dire, il ait un hôpital général ouvert à tous les fruits tant passants qu'étrangers, pardonnons-lui cet esprit de charité, allons même jusqu'à louer une telle curiosité qui n'a point de bornes, mais gardons-nous bien de la vouloir imiter."
Les prodiges accomplis par La Quintinie lui attirèrent la reconnaissance de son maître. Louis XIV aimait, dit-on, venir se promener au Potager. Descendant du château par les "Cent marches" bordant le parterre de l'Orangerie, dont La Quintinie était aussi responsable, il arrivait par la Grille du roi, chef-d'œuvre de ferronnerie, forgée par Fordrin en 1681, que l'on peut toujours admirer aujourd'hui. Il remontait ensuite une allée ponctuée de seize poiriers 'Robine', avant de découvrir, depuis la terrasse aujourd'hui abaissée en son milieu, le

reserved for strawberries, another for cherries, that were situated near the royal gates. In the remaining plots he harvested all kinds of fruits, mostly pears and apples, and grew fifty varieties of pears and twenty of apples in order to present the king with best quality fruit all year round. Vegetables were also available all year long thanks to the abundance of varieties such as sixteen kinds of lettuce or varying species for each season, including nasturtium, Spanish salsify and pumpkin. Potatoes and tomatoes only appeared much later in the Vegetable Garden. The Vegetable Garden was also a place of experiment. La Quintinie tried out different ways of pruning, and various ways of treating the plants. He also designed a "diagonal garden" near the King's Gates which was exploited until the Revolution. By setting up north-south facing fences so that the plants would receive the maximum of sun, the gardener hoped to produce peaches earlier in the year. La Quintinie also increased the variety of fruit trees in the garden but only to be able to choose the best and not merely to form a collection: "If however some curious people wish to have all sorts of figs in their garden, as well as all kinds of pears, apples, peaches, plums, grapes etc., so that he in fact owns a 'general hospital' open to all fruits that are as ephemeral as they are strange, let us understand this charitable streak, even praise his sense of curiosity which knows no bounds, but whatever happens, let us not imitate him."
The extraordinary work carried out by La Quintinie was much appreciated by his master. It is said that Louis XIV loved to walk in the Vegetable Garden. He came out of the castle and descended the "Hundred Steps" that bordered the parterre of the Orangerie which La Quintinie also looked after, arriving by the King's Gate, a masterpiece of ironwork forged by Fordrin in 1681 and which still stands today. He then walked up a path which had sixteen Robine pear trees before discovering, from the terrace, that is now sunken in the middle, the Grand Carré in which thirty or so gardeners were busy at work. Louis XIV was extremely keen on

## Exposure

According to La Quintinie, how a plant is exposed is important in order to spread production of fruits and vegetables throughout the year. "Exposure is the term we use to denote the fortunate place where the sun shines and the unfortunate place where there is little light, perhaps even none at all." The growth of espaliers or vegetable plants was determined by whether they faced south, east, west or north, but:
"For gardeners, these terms [...] have an entirely different meaning than they do for astrologers or geographers, because they only take into account where the sun is shining at the time, and not where the sun's rays actually reach".
"A south-facing plot is used to protect plants from a harsh winter, to give taste to the vegetables and fruits and to speed up the growth of everything that blossoms early in the year." However, the choice of exposure also depends on the quality of the earth and whether it is sheltered from the wind... La Quintinie concluded: "All exposure has its good and bad points: the gardener must know how to take advantage of one and protect the plants from the other as best he can."
How the Vegetable Garden was built, in several separate gardens, meant there were many walls with good exposure which could protect the produce from wind.

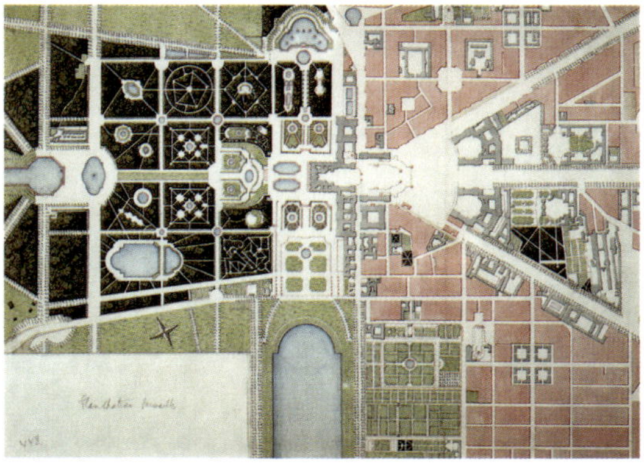

Le Potager, élément de composition du parc de Versailles.
*The Vegetable Garden, part of the structure of Versailles.*

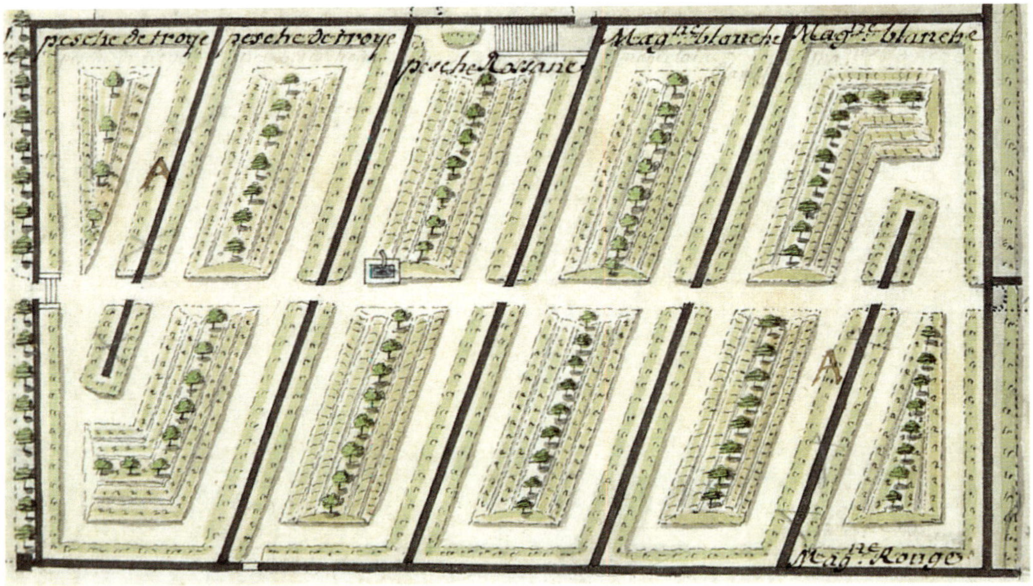


pages précédentes / *previous pages* :

Les branches des espaliers laissent les fruits bénéficier de tout l'ensoleillement nécessaire.
*Branches of the espaliers allow the fruit to enjoy all the sun and space they require.*

Le bassin central allie fonction utilitaire et ornementale.
*The central pond is useful as well as aesthetic.*

Le "jardin biais", un essai de La Quintinie pour améliorer la production.
*The "diagonal garden" was an experiment to improve production.*

## L'été en hiver : les prodiges de La Quintinie avec les primeurs

En employant des fumiers frais en provenance des écuries, en jouant des diverses expositions, en utilisant abris de verre et cloches, La Quintinie met au point des techniques élaborées pour obtenir des récoltes à contre-saison. Les fumiers sont choisis en fonction de la nature de la terre : les fumiers de bœuf, de vache ou de cheval ont des effets différents, mais tous sont "comme une espèce de monnaie qui répare les trésors de la terre". Les résultats extraordinaires obtenus font la renommée du potager de Versailles : "La chaleur, tant dans la terre que dans l'air, ne peut régulièrement venir que des rayons du soleil. J'ose dire pourtant que j'ai été assez heureux pour l'imiter en petit à l'égard de quelques petits fruits : j'en ai fait mûrir cinq et six semaines devant le temps, par exemple des fraises à la fin mars, des précoces, et des pois en avril, des figues en juin, des asperges et des laitues pommées en décembre, janvier..." dit La Quintinie dans son *Instruction pour les jardins fruitiers et potagers*, en 1690.
Il parvint aussi à avoir des cerises en mai, des concombres début avril...
Cette technique rend La Quintinie célèbre, et, toute sa vie, il poursuivra ses expériences, car "un bon jardinier doit avoir de la passion pour les nouveautés".

Les châssis et les couches autorisent des prouesses dans la production des primeurs.
*The cold frames and the hotbeds allow gardeners to work miracles with early fruit and vegetables.*

## Summer in Winter: La Quintinie's magic touch with early fruit and vegetables

By using fresh manure from the stables, various exposures to capture the most sunshine, or sheets of glass and cloches, La Quintinie perfected techniques to harvest out-of-season produce. Manure was chosen according to the kind of earth it was being spread on. Cow or horse manure did not have the same effect, but both "had great advantages and enriched the earth". The outstanding results made the Versailles Vegetable Garden famous:

"Heat in the earth and in the air can only be produced regularly from the sun. I have to admit that I was more than a little happy, however, to imitate it in order to benefit certain fruit. I succeeded in ripening five or six weeks before their time, strawberries at the end of March, peas in April, figs in June, asparagus and lettuces in December and January..." writes La Quintinie in his *Instruction pour les jardins fruitiers et potagers,* in 1690. He also succeeded in growing cherries in May and cucumbers at the beginning of April. This technique made La Quintinie famous and throughout his lifetime, he continued to experiment, as "a good gardener should always be looking for new ideas".

pages suivantes / *following pages* :

Contre-espaliers et espaliers fleurissent avec le printemps.
*The trees blossom in spring time.*

Les voûtes permettent de passer d'un jardin à l'autre avec une brouette.
*Archways allow the gardener to go from one garden to another with a wheelbarrow.*

CALVILLE BLANC

## La poire préférée de La Quintinie : la 'Bon-Chrétien'

La Quintinie préfère cette poire à toutes les autres : "Je ne fais aucune difficulté de me déclarer en faveur du Bon Chrétien d'Hyver", dit-il dans son traité. Poire d'ancienne extraction, elle lui semble aussi admirable par son nom : "Le grand et illustre nom qu'elle porte depuis plusieurs siècles, et dont il semble qu'elle a été baptisée à la naissance du christianisme n'imprime-t'il pas de la vénération pour elle, nommément à tous les jardiniers chrétiens ?"
Mais c'est surtout son goût qu'il apprécie : "Elle a la chair cassante et souvent assez tendre, avec un goût agréable, et une eau douce, sucrée, assez abondante, et même un peu parfumée." Enfin, la période de sa maturité est intéressante : "Outre tous ces avantages, elle a encore celui-cy qui me paraît fort grand : quand toutes les autres poires sont passées, celle-ci reste sur les tables jusqu'aux nouveautés de printemps."
La Quintinie la recommande pour tous les usages : "C'est elle qui fait le plus d'honneur sur les tables, c'est elle qui est la plus employée quand on veut faire des présents de fruits considérables, et surtout pour en envoyer dans des lieux éloignés. C'est enfin celle qui est de la plus grande utilité pour ceux qui en élèvent en vue de les vendre. Elle est constamment très bonne, et très excellente crue."
Cette poire a été réintroduite en 1996 au Potager du roi.

Grand Carré où s'affairaient une trentaine de garçons jardiniers. Féru de jardinage, Louis XIV apprit même à tailler les arbres fruitiers avec son jardinier. La Quintinie lui confie :
"Comme mon bonheur ne vient que parce que Votre Majesté est assez touchée des divertissements du jardinage, peut-être n'est-il pas hors de propos qu'on connaisse qu'elle sait quelques fois descendre de ses plus grandes occupations pour goûter les plaisirs de nos premiers pères."
Louis XIV fit aussi les honneurs de son potager à d'illustres invités, dont les ambassadeurs du Siam, ou le doge de Venise. Les prouesses de La Quintinie firent du potager de Versailles un modèle, au dire de ses contemporains, et enchantèrent les courtisans. Les poires 'Bon-Chrétien' étaient envoyées en cadeaux aux grands de ce monde, et comme Louis XIV adorait les petits pois, au grand dam de son médecin Fagon qui les accuse, ainsi que les fraises, de perturber l'estomac du roi, toute la cour s'enthousiasma pour ces légumes. Mme de Sévigné note ironiquement : "Le chapitre des pois dure toujours ; l'impatience d'en manger, le plaisir d'en avoir mangé, et la joie d'en manger encore sont les trois points que nos princes traitent depuis quatre jours."
Le Potager du roi permet donc d'offrir au roi des fruits et légumes frais tout au long de l'année et lors des fêtes royales. Il livre régulièrement sa production au service de la Bouche, qui accommode les potages, entremets, beignets aux légumes, et prépare les pyramides de fruits... Lorsque le roi est éloigné de Versailles, La Quintinie doit veiller à lui en faire expédier, dans de grands paniers spécialement aménagés. Les produits jugés indignes d'apparaître à la table du roi sont distribués aux indigents par un petit passage appelé le "Public".
La Quintinie ne cesse donc, jusqu'à sa mort en 1688, de travailler et veiller à ce que les cultures soient parfaites. Son collaborateur Nicolas Besnard reprend le flambeau.

gardening and even learnt how to prune the fruit trees with his gardener. La Quintinie admitted to the king:
"As my happiness is due to the fact that Your Majesty shows such an interest in gardening, perhaps it would not be out of place that others should know that sometimes you abandon more important pursuits in order to taste the pleasures of our forefathers."
And so Louis XIV showed off his Vegetable Garden to his illustrious guests, including the ambassadors of Siam or the Doge of Venice.
La Quintinie's amazing feats made the Vegetable Garden of Versailles a model for his contemporaries and enchanted the courtiers. The 'Bon Chrétien' variety of pears were sent as gifts to important figures in Europe. As Louis XIV adored peas, much to the chagrin of his doctor Fagon who blamed them, together with strawberries, for the king's delicate stomach, the entire court also developed a taste for them. Madame de Sévigné noted ironically: "The craze for peas continues; the impatience of waiting to eat them, to have eaten them, and the pleasure of eating them again are the three subjects our princes have been discussing for the past four days now."
The King's Vegetable Garden meant the king could have fresh fruit and vegetables all year long and for royal feasts. It also produced the ingredients for the royal kitchen which prepared various dishes such as soups, desserts, vegetable fritters as well as pyramids of fruit. When the king was away from Versailles, La Quintinie had to send him fruit and vegetables in large baskets especially made for this purpose. The produce that was deemed unfit for the king's table was distributed to the people in a small passageway called the Public.
La Quintinie worked and supervised the impeccable quality of the Vegetable Garden until his death in 1688, when his collaborator Nicolas Besnard took over.

## La Quintinie's favourite pear: the 'Bon Chrétien'

La Quintinie favoured this pear over all others. "I am not ashamed to say that I favour the Winter Bon Chrétien above all others", he wrote in his treaty. The pear was an ancient strain and was equally admired by the gardener for its appellation. "The great and illustrious title the pear has borne for several centuries, apparently so named at the birth of Christianity, makes it even more worthy of praise, particularly among Christian gardeners." But it was the taste he loved more than anything else: "It has a brittle skin and is often tender with a delicious taste and a sweet, abundant, almost perfumed juice." Its lengthy flowering period was also interesting: "As well as all these qualities, it has another which seems to me to be important: When all the other pears are out of season, this one can still be served at table until the spring harvest arrives."
La Quintinie recommended it for all kinds of uses:
"This is the pear that is most presentable at table, the one to use when offering a gift of large quantities of fruit, especially abroad. It is also the best pear to grow when you intend to sell your crop. It is constantly excellent and of the highest quality."
This pear was reintroduced to the King's Vegetable Garden in 1996.

Cerise guigne.
*Guigne cherry.*

# A la table des rois, les fruits et légumes recommandés par La Qu

## *At the king's table: the fruits and vegetables recommended by La Qu*

■ Pêches, pavies, brugnons / *Peaches, clingstone peaches, nectarines*

- Petite avant-pêche blanche
- Pavie blanc
- Pêche alberge rouge
- Petit pavie alberge violet
- Bourdin
- Pêche-Cerise à chair jaune
- Pêche-Cerise à chair blanche
- Chevreuse
- Rossane
- Pavie rossane
- Persique
- Violette hâtive
- Bellegarde
- Brugnon violet
- Pêche Pourprée
- L'Admirable
- Nivette
- Pêche de Pau
- Blanche d'Andilly
- Grosse jaune tardive ou Admirable jaune
- Pêche Royale
- Violette tardive
- Gros pavie rouge de Pomponne ou Monstrueux

■ Azerolles / *Azeroles*

- Azerolles

■ Prunes / *Plums*

- Prune de Perdrigon violet
- Prune de Sainte-Catherine
- Prune d'Abricot
- La Roche-Courbon
- Prune de Mirabelle
- L'Impératrice

■ Abricots / *Apricots*

- Abricot hâtif
- Abricot ordinaire
- Petit abricot en Angoumois

■ Figues / *Figs*

- Grosse blanche, tant la longue que la ronde
- La Noire
- La Grosse jaune
- La Grosse violette, tant longue que plate
- La Verte
- La petite figue grise, ou Mellete
- Figue Medot
- Figue qui est assez noire
- Petite blanche ou précoce
- Petite Bourjassotte
- L'Angélique

■ Cerises / *Cherries*

- Cerises-précoces
- Guignes
- Cerises à confire de Montmorency ou cerises coulardes
- Bigarreau
- Griotte

■ Pommes / *Apples*

- Reinette grise et blanche
- Calville d'été blanche et rouge
- Calville d'automne
- Fenouillet ou pomme d'Anis
- Cour-Pendu ou pomme de Bardin
- Api
- Pomme Violette
- Rambour
- Cousinotte
- Orgeran
- Pomme d'Etoile
- Jérusalem
- Drue-Permein d'Angleterre
- Pomme de Glace
- Francatu
- Haute-Bonté ou Blandilalie
- Rouvezeau
- Chataîgnier ou Martrange
- Pomme Sans-Fleurir ou Pomme-Figue
- Petit-Bon
- Pomme-Rose

■ Raisins / *Grapes*

- Raisin de Corinthe
- Chasselas
- Bourdelais
- Raisin précoce ou Morillon noir
- Cioutat

■ Poires / *Pears*

- Bergamote
- Bon-Chrétien d'hiver
- Beurré
- Virgoulé
- Leschasserie
- Ambrette
- Epine
- Rousselet
- Robine
- Petit-Oin
- Crassane
- Saint-Germain ou l'Inconnue La Fare
- Colmar
- Louise-Bonne
- Verte-Longue
- Marquise
- Saint-Augustin
- Messire Jean
- Cuisse-Madame
- Gros Blanquet
- Muscat Robert ou poire à la Reine, poire d'Ambre, Grosse-Musquée de Coué, la Princesse, Pucelle de Flandres en Poitou, Pucelle de Saintonge
- Poire Sans-Peau
- Muscat-Fleuri
- Blanquet à longue queue
- Orange verte
- Besi de la Motte
- Martin-Sec
- Bourdon
- Sucré-vert
- Lansac
- Poire Madeleine
- Epargne
- Bugy
- Petit Blanquet
- Inconnue-Chéneau
- Petit-Muscat
- Portail
- Satin-Vert
- Amiré-Roux
- Poire de Vigne ou de Demoiselle
- Non-Commune des défunts
- Grosse-Musc
- Musquat-l'Allemand
- Amadote
- Saint-Lezin
- Fondante de Brest
- Rousseline
- Pendar
- Cassolette ou Friolet, Muscat-Vert, Echefrion
- Poire de Ronville ou Martin-Sire

ie dans son *Instruction pour les jardins fruitiers et potagers*, 1690.
*ie in his book.*

■ A

- Absinthe pour les bordures
- Ache
- Ail
- Alléluia
- Alphange
- Anis
- Artichauts, tant verts, que violets ou rouges
- Asperges

■ B

- Basilic, tant le grand que le petit
- Baume
- Betteraves
- Blé de Turquie
- Bonne-Dame
- Bourdelais, autrement verjus, tant le rouge que le blanc
- Bourrache
- Buglosse

■ C

- Câpres ordinaires
- Câpres capucines, autrement nasturces
- Caprons
- Cardes d'artichauts
- Cardes de poirée
- Cardons d'Espagne
- Carottes
- Céleri
- Cerfeuil musqué
- Cerfeuil ordinaire
- Champignons
- Chasselas
- Chervis
- Chicons
- Chicorée blanche, qui est la domestique, tant la frisée que celle qui ne l'est pas
- Chicorée sauvage
- Choux de toutes sortes, à savoir choux pommés, choux-fleurs, choux pancaliers, choux de Milan, choux frisés, choux verts, choux blonds, choux violets, etc.
- Ciboules
- Citrouilles
- Cives d'Angleterre
- Concombres, soit verts, soit blancs, et tant ceux qui sont bien faits, que ceux qui ne le sont pas, et que l'on appelle cornichons
- Côtons d'artichauts
- Corne de cerf
- Couches, tant pour les salades et les raves printanières, et pour les premières fraises, que pour les melons et concombres et champignons, et même pour élever pendant l'hiver quelques fleurs et autres plantes à replanter en terre ; et pour avancer de l'oseille, des laitues pommées, etc.
- Cresson alénois

■ E

- Echalotes
- Epinards
- Estragon, etc.

■ F

- Fenouil
- Fèves, tant celles de marais que de haricot
- Fournitures de salades, qui sont le baume, l'estragon, la passe-pierre, la pimprenelle, les cives d'Angleterre, le fenouil, le cerfeuil, tant l'ordinaire que le musqué, le basilic, etc.
- Fraises, tant les rouges que les blanches
- Framboises, tant les rouges que les blanches

■ G

- Groseilles, tant les piquantes que les rouges et les perlées

■ H

- Herbes fines, à savoir thym, marjolaine, lavande, rhue, absinthe, hysope, etc. et cela se met en bordures.

■ L

- Laitues de toutes sortes, suivant les saisons, tant pour semer par rayons afin de les couper petites, que pour pommer et pour lier, savoir la Coquille, autrement laitue d'hiver, et la laitue de la Passion, la Crêpe blonde, la Crêpe verte, la petite laitue rouge, la Courte, la Royale, la Bellegarde, la Gênes, la Perpignane, la laitue d'Aubervilliers, la Capucine, qui est plus rougeâtre que l'Aubervilliers, l'Impériale, et la Romaine, qui comprend les chicons, tant les verts que les rouges, autrement nommés l'Alphange, et celles-là sont pour lier
- Laurier commun
- Lavandes en bordures

■ M

- Mâches
- Marjolaine en bordure
- Mauves et guimauves
- Mélisse
- Melons
- Muscat, tant le blanc que le noir et le rouge
- Muscat long, autrement Passe-Musquée

■ N

- Nasturce
- Navets

■ O

- Oignons, tant les blancs que les rouges
- Oseille, tant la grande et la petite que la ronde

■ P

- Panais
- Passe-Musquée
- Patience
- Perce-pierre
- Persil, tant le commun que le frisé
- Persil de Macédoine
- Pimprenelle
- Poirée
- Poireaux
- Pois verts depuis le mois de mai, qui sont les hâtifs, jusqu'à la Toussaint
- Potirons
- Pourpier, tant le vert que le doré

■ R

- Raiponces
- Raves pendant le printemps, l'été, et l'automne
- Rhubarbe
- Rocambole
- Romarin
- Roquette qui est une fourniture de salade
- Rue en bordures

■ S

- Salsifis commun
- Sarriette
- Scorsonère, autrement salsifis d'Espagne
- Sauge en bordure

■ T

- Thym pour les bordures
- Tripe-Madame

■ V

- Vigne
- Violettes en bordure

T. 6. N° 67

1. *Grosse Crémésine.* 2. *Ognonet de Provence.* 3. *Pastorale.* 4. *Louise bonne.* 5. *de St. François.*

**PYRUS** communis **POIRIER** commun

## "Everything a vegetable garden should contain."

■ A

- Alleluia*
- Alphange*
- Aniseed
- Artichokes, green, violet or red
- Asparagus

■ B

- Balsam
- Basil, either large or small-leaves
- Common bayleaf
- White beet
- Beetroot
- Bonne-Dame*
- Borage
- Broad beans
- Bugloss

■ C

- All sorts of cabbage : white heart cabbage, cauliflower, Savoy cabbage, curly kale, white cabbage, red cabbage.
- Ordinary capers
- Nasturtium capers
- 'Capron' strawberries
- Spanish cardoon
- Carrots
- Swiss chard
- Celery
- Wild celery
- Chasselas grapes
- Chervil
- Chervis*
- English chives
- Wild chicory
- White chicory, domestic as opposed to curly which is not.
- Corn
- Cotons d'artichauts*
- Corne de cerf*
- Cucumbers, green or white, well formed such as gherkins are.

■ D – G

- Dock leaf
- Endives
- Fennel
- Garlic

■ H

- Mixed aromatic herbs, thyme, origan, lavender, rue plant, absinthe, hyssop plant, etc., grown in borders.
- Hotbeds for the lettuces and spring root vegetables, for the first strawberries, melons, cucumbers and mushrooms, and even to cultivate some flowers and other plants in winter in order to replant them later. Also to help sorrel and lettuce grow.

■ L

- Lavender in borders
- Leeks
- Lemon balm
- All kinds of lettuce depending on the season, in order to sow them in rows and cut them into small portions or to form a head and attach, winter lettuce, Passion lettuce, 'Crêpe blonde' lettuce, 'Crêpe verte' lettuce, small red lettuce, Royal lettuce, Bellegarde, Genoa lettuce, Perpignan lettuce, Aubervilliers lettuce, nasturtium lettuce which is redder than Aubervilliers lettuce, Imperial lettuce, Cos, chicory lettuce, both green and red, otherwise known as Alphange*, which can be attached.
- Lamb's lettuce

■ M

- Macedonian parsley
- Sweet marjoram
- Mallow plant and marsh mallow plant
- Melons
- Muscat grapes, white, black and red
- Long Muscat grape
- Mushrooms-

■ N

- Nasturtium

■ O

- Onions, white and red
- Spring onions

■ P

- Parsley, flat and curly
- Parsnips
- Passe-Musquée*
- Green peas from May onwards, until 1st November
- Perry
- Purslane, the green and the gold variety

■ R

- Rampion garden plant
- Raspberries, red and white
- Red currants
- Rhubarb
- Rock samphire
- Rocket salad
- Root vegetables for spring, summer and autumn
- Rosemary
- Rue plant for the borders

■ S

- Sage for the borders
- Salad and its accompanying leaves such as balsam, tarragon, rock samphire, salad burnett, English chives, fennel, chervil, basil, etc.
- Salad burnett
- Salsify
- Sand leek plant
- Savory
- Shallots
- Sorrel, large, small and round leaves
- Spanish salsify
- Spinach
- Strawberries, red and white

■ T

- Tarragon, etc.
- Thyme for the borders
- Tripe-Madame*
- Turnip

■ V

- Verjuice, either red or white
- Vines
- Sweet violet for the borders

■ w

- Watercress
- Wormwood for the borders

* en français de La Quintinie.

La table du roi exige des fruits et légumes parfaits toute l'année.
*Perfect fruit was required for the king's table all year round.*

## Dans les cuisines royales

Colbert a réorganisé le service des cuisines pour la cour qui se presse à Versailles. Il fonde la Maison-Bouche, installée au Grand Commun, qui réunit les cuisines pour le roi et ses enfants et pour les Communs. La Maison du roi, dirigée par le Grand Maître de la Maison du roi, et en pratique par le premier maître d'hôtel, occupait, tant pour la cuisine que le service, environ cinq cents personnes. On y distingue trois offices logés dans l'Aile du Midi : la Panneterie-Bouche, l'Echansonnerie-Bouche, et la Bouche du Roi.
L'approvisionnement est assuré par des marchés avec des fournisseurs extérieurs, sauf pour les fruits et légumes, qui viennent du potager de Versailles, ainsi que des autres potagers royaux lorsqu'il faut parfois assurer une livraison particulière.
L'engouement pour les légumes allant croissant, la demande est soutenue. L'organisation des repas évoluera beaucoup à Versailles, entraînant des changements culinaires, une évolution de la société et de la sociabilité. Le Grand Couvert a lieu le samedi ou le dimanche seulement, vers 22 heures, et Louis XIV y soupe seul, tandis que des buffets sont dressés non loin pour les courtisans. C'est une cérémonie extrêmement réglée, un véritable ballet entre les cuisines et l'appartement du roi. A la fin du règne, le service des Petits Appartements est chargé de servir des repas plus simples. Sous Louis XV, on découvre les soupers fins, organisés chez différents membres de la famille royale, qui créent une émulation culinaire permanente. Sous Louis XVI, les repas dans la salle à manger, avec des meubles adaptés, des tables élaborées, deviennent des rites. Après la Révolution, indifférent aux aléas politiques, le Potager continua de livrer les tables des régimes en place : Service impérial, Tables de la République... Fruits et légumes furent aussi vendus, selon les époques, sur les marchés de Versailles ou de Paris, et sur place, comme c'est le cas aujourd'hui encore.

## L'invention de l'horticulture scientifique

Malgré les vicissitudes financières, le Potager continue à être un lieu important pour la culture des fruits et légumes, sous la houlette de François Le Normand, qui prend la relève en 1691. Jardinier de mérite, il est le premier d'une dynastie familiale qui veillera sur le Potager pendant quatre-vingt-dix ans, accompagnant son développement et ses transformations. François Le Normand donne une grande extension à la culture des primeurs, commence à replanter des arbres abîmés, et développe la culture de l'asperge "hors du potager" dans ce qui deviendra le "Clos des asperges". Le roi réorganise l'administration de ses services, fâché de ce que certains grands profitent avant lui des produits du Potager, en particulier Mansart qui serait mort, dit Saint-Simon, jamais à court d'insinuations, "d'une colique de petits pois et autres nouveautés du potager et dont il se régalait devant que le roi en eut mangé". Les fils de François Le Normand, François et Louis, qui lui succèdent, doivent faire de nombreux travaux au Potager, particulièrement après les gros dégâts occasionnés par les grands froids de 1709.
A la mort de Louis XIV, son arrière-petit-fils Louis XV part de Versailles, pour n'y revenir qu'à sa majorité. On réduit alors grandement le budget du Potager.
François II Le Normand enherbe le Grand Carré, et garde le produit des autres jardins pour son usage propre, n'étant tenu qu'à l'entretien des arbres fruitiers. Il semble avoir eu plus de temps, et avoir introduit à cette période le café au Potager. En effet, un plant de café avait été offert à Louis XIV par le bourgmestre d'Amsterdam, et le jardin du Roi (l'actuel Muséum d'histoire naturelle) l'avait acclimaté. Les poètes racontent combien Louis XV était fier d'étonner ses courtisans en servant du café provenant du Potager, issu de l'un des douze pieds de quatre mètres de haut qui prospéraient

Les asperges, ici en hiver, furent une des cultures phares du Potager.
*Asparagus, shown here in winter, were one of the highlights of the Vegetable Garden.*

## The invention of scientific horticulture

Despite some financial problems, the Vegetable Garden continued to be an important place to cultivate fruit and vegetables, under the guidance of François Le Normand from 1691 on. He was an experienced gardener and the first of a family dynasty that would run the Vegetable Garden for the next ninety years guiding its development and transformation.

François Le Normand extended the land given over to early fruit and vegetables, replanted damaged trees and developed the growth of asparagus "beyond the Vegetable Garden" in what would become the Clos des asperges (Asparagus Enclosure). The king reorganised the administration of his services because some of the more important courtiers enjoyed the fruits of the Vegetable Garden before he did. One such courtier was Mansart who died, according to Saint-Simon who was never short of gossip, "of colic due to overeating peas and other early vegetables from the garden before the king had even tasted them".

François Le Normand's sons, François and Louis, who succeeded him, were obliged to carry out several renovations on the Vegetable Garden, especially after a severe cold spell that caused huge damage in 1709.

When Louis XIV died, his great-grandson Louis XV left Versailles and only returned when he came of age. The budget allocated to the Vegetable Garden was greatly reduced. François II Le Normand put down grass in the Grand Carré and kept the produce from the other gardens for his personal use, which meant he only had to maintain the fruit trees. He seems to have had time on his hands and introduced the coffee plant to the Vegetable Garden during this period. A coffee plant was offered to Louis XIV by the burgomaster of Amsterdam and the King's Garden (present-day Natural History Museum) acclimatised it. Poets tell of how proud Louis XV was to amaze his courtiers with coffee that came from his Garden from one of the twelve plants

### In the royal kitchens

Colbert reorganised the kitchens for the court that flocked to Versailles. He created the *Maison-Bouche* in the large outbuildings which linked the kitchens for the king and his children and for the Commune. The *Maison du roi* which was managed by the Master of the *Maison du roi* and in fact by the head butler, employed around five hundred people for the kitchen and service combined. There were three pantries in the South Wing: the *Panneterie-Bouche*, the *Echansonnerie-Bouche*, (cup-bearers) and the *Bouche du roi*. Provisions came from the markets and exterior suppliers, with the exception of fruit and vegetables which came from the Vegetable Garden in Versailles or other royal vegetable gardens if there was a particularly large delivery to be made. As the popularity of vegetables was growing all the time, demand was constant. The organisation of meals at Versailles evolved very quickly, bringing about changes in cooking habits, society and sociability. The *Grand Couvert* (the biggest sitting) took place on Saturday or Sunday around 10 o'clock in the evening when Louis XIV dined alone, although tables were set close by for the rest of the court. It was an extremely formal ceremony, a complicated choreography between the kitchens and the king's apartment. At the end of his reign, the *Petits Appartments* were served simpler meals at his majesty's request. Under Louis XV, delicate suppers were served, organised in the quarters of the various members of the royal family who constantly emulated the king's cuisine. Meals in the dining room, with appropriate furniture and elaborately dressed tables, became a ritual. The Revolution changed none of the habits, and the Vegetable Garden continued to deliver to the various regimes that were still in place, for example to the Imperial Service or the Republic's Tables. Depending on the season, fruit and vegetables were also sold directly to the customer at the Versailles and Paris markets, much as they are sold today.

Préparer le printemps, jeunes laitues repiquées en pleine terre.
*Preparing the spring season: freshly transplanted young lettuces.*

### Le café versaillais de Louis XV

*Le feu roi a cueilli le fruit du Cafetier*
*Et en a fait boire la liqueur à tous ses courtisans*
*Qui ont cru boire du Levant.*

*Le café parfumé qui naît dans l'Arabie*
*Où de l'Anachorète il consolait la vie*
*Et dans un saint loisir lui donnait la liqueur*
*Dont l'Europe à son tour fait aussi son bonheur,*
*Sous des toits échauffés de son grain se dégage*
*Et tel qu'en sa patrie étale son feuillage.*
*On s'y croit transporté dans les champs d'Yemen,*
*Le fruit éclos, mûrit, se donne à notre main ;*
*Et la cour de Louis but la liqueur chérie*
*Que Versailles donnait, qu'elle crut d'Arabie.*

*L'Agriculture*, poème dédié au roi
par M. de Rosset, 1782.

dans la serre, "les plus beaux pieds qu'il y ait en France". L'apparition progressive de serres chauffées autorisera les cultures exotiques, et facilitera le travail des jardiniers. Après le décès de son frère François, Louis se retrouve seul à la tête du Potager, lors du retour de la cour à Versailles en 1723. Le Grand Carré est alors remis en culture avec des herbes et des salades. En 1732, Louis Le Normand introduit une serre hollandaise, serre basse à toiture arrondie, qui permettra le développement des cultures sous abris. En 1735, il peut même offrir à Louis XV un ananas issu de deux œilletons qui avaient été donnés au roi. Cette culture connut un très grand développement, et, à la Révolution, on comptait huit cents pieds d'ananas dans les serres. En 1935, on en récoltait encore au Potager.

## 1730-1770 : un destin incertain

Cependant, la création, en 1730, du jardin botanique de Trianon occupe l'esprit et les finances royales, et Louis Le Normand se désespère de voir le Potager en piteux état, faute de finances.

Son fils Jacques-Louis reprend en 1750 la charge. Malgré la construction en 1751 de trois nouvelles serres chaudes, les réparations nécessaires aux treillages, murs, châssis, caisses à figuiers, et même au grand bassin s'accumulent.

Pourtant, Jacques-Louis doit aussi pourvoir, à partir de 1759, à l'approvisionnement des Petits Appartements, puis de Marly. La production du Potager doit donc être soutenue, alors que l'on manque cruellement de fumier, à cause d'une longue querelle avec les palefreniers des écuries. Les vieux arbres à replanter, les espaliers à refaire, les murs à remonter ne manquent pas non plus, mais Jacques-Louis Le Normand ne reçoit pas plus de subsides. On veut aussi lui prendre le terrain du Clos des asperges, mais la passion du roi pour ce légume aura raison de ce projet. En 1773, enfin, un programme de travaux de rénovation est décidé, étalé sur

that were four metres high, blossoming in his greenhouse, "the most beautiful plants in France".
Little by little heated greenhouses were introduced which meant that exotic plants could flourish, and they eased the work of the gardeners. When his brother François died, Louis had to run the Vegetable Garden by himself when the court returned to Versailles in 1723. The Grand Carré was planted once again with herbs and lettuces. In 1732 Louis Le Normand introduced a Dutch greenhouse, a low greenhouse with a rounded roof, which allowed him to develop crops in a sheltered spot. In 1735 he even offered Louis XV a pineapple, grown from two buds which had been presented to the king. This production developed rapidly and at the time of the Revolution there were eight hundred pineapple plants in the greenhouses. Pineapples were still being harvested in 1935 in the Vegetable Garden.

## 1730-1770: An uncertain future

The creation of the Trianon botanical garden in 1730 took up much of the royal finances and the king's time, and Louis Le Normand was distraught to see his Vegetable Garden in such a pitiful state due to lack of funds.
His son Jacques-Louis took over from him in 1750. Although three new heated greenhouses were built in 1751, the work that needed to be carried out on the lattices, walls, frames, fig boxes and even the large pond, was mounting.
In spite of this, Jacques-Louis was obliged to provide the Small Apartments and Marly with fruit and vegetables. The Vegetable Garden had to continue producing although there was a severe lack of manure because of a lengthy dispute with the grooms at the royal stables. Old trees had to be replaced, espaliers needed to be mended and there were walls to rebuild, but Jacques-Louis Le Normand did not receive any extra finance. The Clos des

Les nombreuses bâches permettent des cultures exotiques rares. Ici, une des bâches à ananas du XIXe siècle.
*Several greenhouses mean that rare and exotic crops can be grown. Here the pineapples during the XIXth century.*

## Du Potager à la table

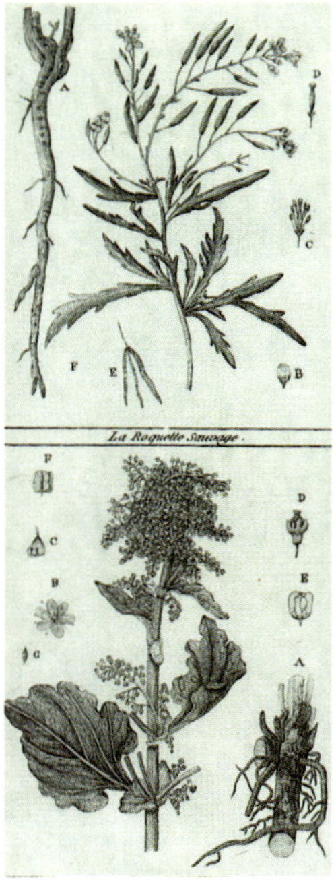


Les légumes se font plus fréquents dans la cuisine.
*Vegetables are more frequently used for the cooking.*

**"Salade de santé"**
Prenez toutes sortes d'herbes propres à la salade, comme petites laitues, pourpier tendre, cresson lanois, tripe-madame, passe-pierre, corne de cerf, baume, ciboulette, civette, jettons de rosier, jettons de fenouil, etc. Epluchez-les bien, lavez-les et secouez toutes ensemble, et les dressez sur une assiette sans aucune garniture.

**Marmelade de pommes**
Prenez dix ou douze pommes, pelez-les et coupez-les à mesure jusqu'au trognon, puis les mettez dans l'eau claire. Mettez ensuite vos pommes et l'eau dans laquelle elles trempent dans un poêlon, avec une demy-livre de sucre, ou moins si vous voulez. Faites-les cuire, et lorsqu'elles cuiront, écrasez-les, de peur qu'elles ne brûlent, et lorsqu'il n'y aura presque plus d'eau, passez le tout par un tamis. Reprenez ce que vous aurez passé, et le remettez dans le même poêlon, avec la rapure d'un demi citron ou orange, trempé auparavant environ un demi quart d'heure dans un peu d'eau chaude, et passé dans un linge, afin d'en ôter, ou du moins d'en corriger l'amertume. Mais en cuisant, remuez toujours de peur que votre marmelade ne brûle, et apprenez qu'elle sera cuite lorsque vous la verrez comme en gelée, et qu'elle fera moins paraître d'humidité. Enfin, quand elle aura toute la cuisson nécessaire, tirez-la de dessus le feu, et l'étendez avec un couteau de l'épaisseur de deux têtons.

Ces recettes sont tirées de *L'Ecole parfaite des officiers de bouche,* troisième édition, 1676.

quelques années. On décide néanmoins de réduire les envois de fruits loin de Versailles, et de les limiter à ceux "dont l'espèce et la rareté peuvent procurer quelque plaisir à Sa Majesté" : le Potager du roi reste un endroit à la pointe du jardinage, capable de fournir des fruits et légumes rares.

Le dévouement et la compétence de Jacques-Louis Le Normand sont récompensés, en 1775, par la charge nouvellement créée d'Inspecteur général des jardins fruitiers et potagers royaux, pour les jardins de Bellevue, Meudon, La Muette, Choisy, Saint-Germain, etc., le potager de Versailles restant "le principal et le premier des potagers de Sa Majesté".

Le Clos des asperges, la Figuerie, la Melonnière sont particulièrement renommés. Jacques-Louis Le Normand n'a pas cessé d'apporter des améliorations, et peut même offrir, grâce à une culture sous châssis, des figues en mars, ainsi que d'autres cultures exotiques. Les voyages dans les contrées lointaines se multiplient, et le Potager essaie régulièrement d'acclimater ce qu'en rapportent les explorateurs : ananas, euphorbes, jasmins, palmiers-lataniers, figuiers-bananiers, et "autres plantes exotiques recommandables ou par leur forme, ou par leurs fleurs, ou par leurs fruits".

A la mort de Jacques-Louis Le Normand, en 1782, le comte d'Angiviller, directeur et ordonnateur général des Bâtiments, constate qu'il "a mis dans le potager un ordre et une économie d'où ont résulté beaucoup d'avantages, en particulier celui de fournir beaucoup de fruits et de légumes dans tous les temps que cela n'était autrefois, et à moins de frais".

Les figues, objets de toutes les attentions.
*The kings were partial to figs.*

asperges was almost taken away from him, but the king's passion for this vegetable saved it. In 1773 a renovations programme was decided upon, spread out over several years. However a decision was taken to reduce the amount of fruit sent long distances from Versailles and only to send those "whose rarity and species gave particular pleasure to the king". The King's Vegetable Garden remained at the cutting edge of gardening, capable of growing rare fruits and vegetables.

The devotion and efficiency of Jacques-Louis Le Normand was finally rewarded in 1775 when he was named Inspector General of the royal fruit and vegetable gardens, for the Bellevue, Meudon, La Muette, Choisy, Saint-Germain gardens, although the Versailles Vegetable Garden remained the "main and most important of His Majesty's vegetable gardens".

Le Clos des asperges, the Figuerie and the *Melonnière* (Melon Patch) were especially famous. Jacques-Louis Le Normand continued to improve the gardens, and was even able, thanks to a crop grown in wooden boxes, to produce figs in March as well as other exotic fruits. Trips abroad became more frequent, and the Vegetable Garden frequently tried to acclimatise what explorers brought back: pineapples, euphorbia, jasmine, latania palm, fig trees and banana trees and "other exotic plants desirable for their shape, their blossoms or their fruits".

When Jacques-Louis Le Normand died in 1782, the Count of Angiviller, general director of the Building trade, said that he had "brought order and economy to the Vegetable Garden which had many advantages, and above all provided plenty of fruit and vegetables, some of which had not existed before, and for less cost".

page suivante / *following page* :

La cathédrale Saint-Louis voisine depuis sa construction avec les carrés du Potager du roi.
*The nearby cathedral being built, and the Vegetable Garden.*

Les fruits sont servis en pyramides, ou accommodés en confitures sèches et liquides, ici en 1730.
*Pyramids of fresh fruit and jam were offered to the royal tables, here in 1730.*

## *From the Vegetable Garden to the table*

**Healthy Lettuce**

Take several kinds of herbs to make the salad, such as small lettuces, tender purslane, watercress, tripe, samphire, antler, balsam, chives, wisps of rose tree and fennel. Peel them well, wash them and shake them together, then place them on a dish without any dressing.

**Apple compote**

Take ten or twelve apples, peel and core them, then place them in fresh water. Put your apples and water in a saucepan with half a pound of sugar, or less if you prefer. While they are cooking, pulp them so that they will not burn. When there is almost no water left, put them through a sieve. Return the pulp to the same saucepan, with the zest of half an orange or lemon, which has been soaking for around half-an-hour in a little hot water and dried in a cloth to remove or reduce any bitterness. While cooking, stir constantly so that the apples and zest do not burn. The compote is ready when it looks like jelly and when excess moisture has evaporated. When it is sufficiently cooked, remove it from the heat and spread it with a knife with the thickness of two teats. These recipes were taken from *L'Ecole parfaite des officiers de bouche,* third edition, 1676.

## De grands travaux au Potager

Diriger un lieu aussi célèbre était une place enviable et, parmi six candidats, d'Angiviller choisit Alexandre Brown, Anglais d'origine, jardinier à Choisy.
L'architecte des Dehors, chargé des dépendances du château, M. Huvé, lance enfin, en 1782, les aménagements tant réclamés pour améliorer les cultures et faciliter le travail. Les bâtiments sont réagencés, en particulier la maison édifiée par Mansart en 1683 pour La Quintinie.
Le Potager aussi est réaménagé : rétrécissement du grand bassin, transformation du perron de la terrasse du Midi en escalier à deux rampes percé d'une voûte qui facilite les trajets des jardiniers. Afin d'aérer les onze jardins situés le long de la terrasse nord, jugés trop humides, on supprime certains des murs en 1785, pour en faire cinq jardins, encore appelés aujourd'hui "les Onze", qui communiquent par des voûtes avec le Grand Carré. Les pierres sont réemployées pour réparer les voûtes, les terrasses... Pour permettre l'accès des charrettes, les deux terrasses du Levant et du Couchant sont transformées en rampes de pente douce, tandis que leur déblai permet d'établir un niveau plus égal dans le Grand Carré. Une nouvelle grille est installée face à la rue d'Anjou ; à cette occasion, on essaye de corriger tant bien que mal l'alignement entre la rue et l'axe est-ouest du Potager, car le quartier du Parc-aux-Cerfs s'était progressivement construit, autour de la cathédrale Saint-Louis édifiée en 1740, selon un alignement très approximatif par rapport au Potager. Dans le même temps, tous les alignements du Potager furent repris, les treillages et leurs socles durent être renouvelés.

## *Huge renovations in the Vegetable Garden*

To run such a famous garden was an enviable job. Among the six candidates, Angiviller chose Alexandre Brown, of English origin, who was a gardener at Choisy.
The architect Mr. Huvé, responsible for the buildings close to the chateau, finally began the long-awaited renovations in the garden in 1782, to improve crops and facilitate the gardening process. The buildings were reorganised, in particular the house built by Mansart for La Quintinie in 1683.
The Vegetable Garden was also reorganised: the large pond was reduced, the balcony of the South terrace was transformed into a stairway with two ramps and an archway which facilitated comings and goings of the gardeners. In order to dry out the eleven gardens located along the North terrace which were considered to be too humid, some walls were knocked down in 1785 to make five gardens, although even today they are called "The Eleven". They are linked to the Grand Carré by archways. The stones were used to repair the archways and terraces. To allow carts to pass through, the East and the West terraces were transformed into two gently sloping ramps and the resulting debris went to make a more even ground in the Grand Carré. A new gate was installed in front of the rue d'Anjou. At the same time efforts were made to correct as best they could the alignment between this street and the east-west axis of the Vegetable Garden. The Parc-aux-Cerfs area had been slowly built around the Saint-Louis Cathedral, constructed in 1740, and only roughly aligned with the Vegetable Garden. During the same period, all the alignments of the Vegetable Garden were revised, and the lattices and their bases were renewed.

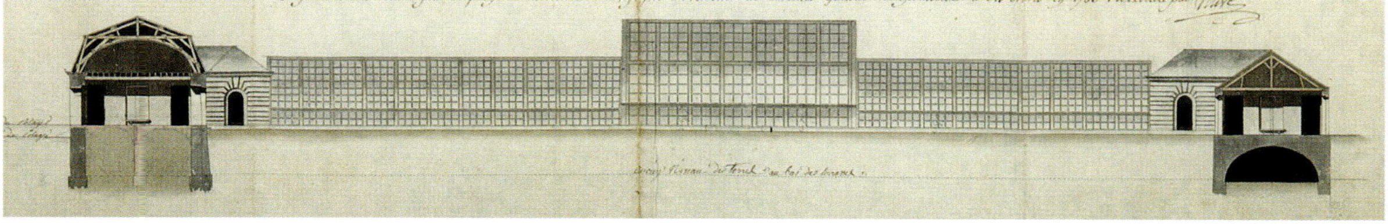

Projet pour la grande serre chaude du Potager en 1786. / *A project for the large, heated glasshouse in the Vegetable Garden in 1786.*

## Le parc Balbi, ou la vogue des jardins anglo-chinois

Le parc Balbi est l'un des rares témoignages en partie sauvegardés de la vogue des parcs anglo-chinois de la fin du XVIIIe siècle en France. Il fut construit pour Anne de Caumont La Force, comtesse de Balbi, et amie du comte de Provence, frère de Louis XVI et futur Louis XVIII. Cédant à la mode des pavillons de campagne, le comte de Provence fait aménager un pavillon et dessiner un jardin pittoresque par l'architecte Jean-François Chalgrin, en 1785. Le pavillon était somptueusement décoré et offrait le calme et une vue splendide sur le château. Il était entouré d'un jardin miniaturisé invitant au voyage, offrant une succession de tableaux naturels rehaussés d'une rivière serpentine, d'îles, d'espèces végétales raffinées, et d'un belvédère qui surmonte la grotte artificielle.
Le pavillon a été entièrement démoli par son nouveau propriétaire après la Révolution, les collections végétales ont été dispersées, mais on retrouve le tracé approximatif des allées et du plan d'eau. Quant à l'ensemble composé de la grotte surmontée d'une montagnette et d'un petit pavillon, il figure parmi les plus remarquables fabriques de jardin de cette période en France.
En 1907 le parc Balbi, affecté au grand séminaire de Versailles depuis 1844, est rendu à l'Etat. Son entretien est confié au Potager, et un passage direct est aménagé. Ils seront tous deux classés monuments historiques en 1926.

## *The Balbi Park and the fashion for Anglo-Chinese gardens*

The Balbi Park is one of the rare vestiges of the fashion for Anglo-Chinese gardens at the end of the XVIIIth century. It was built for Anne de Caumont La Force, the Countess of Balbi and a friend of the Count of Provence, brother of Louis XVI and the future Louis XVIII. In keeping with the vogue for country houses, the Count of Provence built a house and had a picturesque garden drawn up by the architect Jean-François Chalgrin in 1785. The house was fabulously decorated, in a quiet setting with a splendid view of the castle. It was surrounded by a miniature garden which boasted a variety of landscapes enhanced by a winding river, islands, refined vegetation and a belvedere on the top of an artificial grotto.
The house was entirely demolished by its new owner after the Revolution and its vegetation was scattered throughout the grounds, but traces of the alleyways and the lake are still visible. The ensemble of the grotto, the hillock and the smaller house remain the most remarkable garden constructions of the period in France. The Balbi Park, which had been transferred to the seminary in Versailles in 1844, was returned to the State in 1907. It was maintained by those who ran the Vegetable Garden, and a direct pathway leading to it was built. It became a listed building at the same time as the Vegetable Garden, in 1926.

Le parc Balbi depuis le belvédère.
*View from the Belvedere at the Balbi Park.*

pages précédentes / *previous pages* :

Cardons et artichauts / *Cardoons and artichokes*
Dans le verger... / *In the orchard...*

### Trois siècles d'impératifs économiques au Potager du roi

La création du potager de Versailles coûta plus d'un million de livres. La Quintinie et François Le Normand auront ensuite à entretenir le Potager avec dix-huit mille livres annuelles, en sus desquelles le roi paye la menuiserie, les treillis et châssis. Les salaires des garçons jardiniers et ouvriers sont payés sur le budget du Potager.
Avec l'avènement de Louis XV, Trianon supplante le Potager dans le cœur du monarque. Les réparations sont sans cesse différées, tandis qu'il faut produire toujours plus...
Les responsables successifs crient misère pendant trente ans pour obtenir le fumier des Ecuries royales, et un fonctionnaire zélé va jusqu'à calculer le prix à l'are de chaque production, pour conclure qu'il faudrait même diminuer le budget du Potager ! Le Normand comble sur ses propres fonds le déficit.
Après une série de travaux en 1785, le Potager peut fonctionner, mais les crédits viennent bientôt à manquer, et, à chaque changement de régime, le Potager devra défendre âprement son budget.
Auguste Hardy, directeur du Potager, écrit en 1857 à son administration de tutelle pour répéter que "le Potager ne peut être assimilé à un établissement industriel : il se rapproche d'un établissement de luxe. Tandis qu'un établissement industriel ne fait que les cultures qui lui rapportent le plus, le Potager est obligé, par les demandes qui lui sont adressées, de faire toutes les espèces de légumes et de fruits, alors qu'il y a souvent perte à produire un certain nombre d'entre elles".
Las, le Potager continue, comme aujourd'hui, à réclamer à cor et à cri des moyens de fonctionnement, des jardiniers, de l'équipement...
En 1872, après un moment d'incertitude, l'affectation du Potager du roi passe de la Liste civile, administration qui regroupe et gère les propriétés impériales, au ministère de l'Agriculture, qui demeure aujourd'hui le principal ministère de tutelle de l'Ecole nationale supérieure du paysage.
Le Potager est toujours confronté à ces problèmes : son type de culture, très contraignant, coûte cher. Le Potager, qui ne saurait être "rentable" au sens de l'agriculture productive, s'invente une logique propre pour demeurer un établissement de prestige.

Après ces travaux colossaux, on songe en 1787 à doter le Potager de nouveaux moyens pour poursuivre le développement des productions, comme des serres chaudes sur une des terrasses de la Figuerie qui sera finalement comblée pour remédier à l'humidité qui y régnait.
C'est à ce moment aussi, entre 1785 et 1787, que, derrière le mur du Potager, l'architecte Chalgrin réalise le parc Balbi, jardin pittoresque autour d'un pavillon de plaisir.
En 1790, lorsque, à la mort de Brown, Gondouin prend sa succession, le nouveau maître du Potager est donc à la tête d'un jardin entièrement rénové.

## Dans la tourmente révolutionnaire

Pourtant, le Potager connut alors une longue période d'incertitude. Il fut déclaré "très susceptible de location, soit en partie, soit en totalité", par le directoire du district de Versailles, en 1793. Devant la réduction drastique de ses gages, Gondouin démissionna et le Potager fut loué en huit parcelles à des particuliers, après la dispersion aux enchères des outils et des plantes, dont les huit cents ananas. Le jardin biais, lui, fut transformé en banc d'essai pour les armes fabriquées au Grand Commun.
Ce moment marqua la première tentative d'utiliser le Potager comme un lieu pédagogique. La Convention crée en effet, en 1795, un "Institut national chargé de recueillir les découvertes et de perfectionner les arts et les sciences", avec une école centrale par département. Antoine Richard, botaniste réputé, est chargé en 1798 d'installer au Potager le jardin expérimental de l'Ecole de Versailles. Le premier élément sera formé des collections végétales amassées à Trianon avec son père, inaugurées par de grands savants, dont Bernard de Jussieu. Les locataires sont expulsés.
La tradition expérimentale du Potager demeure, avec l'installation, entre 1801 et 1815, dans le Clos des asperges et dans les Onze, de la "Pépinière nationale" pour sélectionner les meilleures variétés fruitières.



La récolte est proche sur ces pommiers 'Kidd's Orange red'...
*Almost time to harvest...*

Following these enormous renovations, it was decided in 1787 to provide the Vegetable Garden with further means to continue developing its produce and the problem of humidity prevalent in the Figuerie was solved thanks to heated greenhouses built on one of its terraces.
It was around this time, between 1785 and 1787, that an architect called Chalgrin created the Balbi Park behind the wall of the Vegetable Garden, a picturesque garden surrounding a country house.
In 1790 Gondouin took over on Brown's death and the new head gardener found himself running an entirely renovated garden.

## Revolutionary turbulence

Despite this, the Vegetable Garden was to go through a long period of uncertainty. It was declared to be in a "very fragile location, either partially or entirely," by the Versailles board of directors in 1793. Given the drastic drop in his wages, Gondouin resigned and the Vegetable Garden was rented in eight plots to individuals once the tools and the plants, including the eight hundred pineapple plants, had been auctioned off. The diagonal garden was transformed into a testing ground for arms made at the Grand Commun.
This was the first time the Vegetable Garden had been used for pedagogical purposes. The Convention signed in 1795 deemed it a "National Institute responsible for collecting experiments and perfecting the arts and the sciences" with a central school for each department. Antoine Richard, a famous botanist, was given the task in 1798 of setting up the experimental garden of the Versailles School in the grounds of the Vegetable Garden. One of the most important elements was a collection of plants stored at the Trianon by his father, and pioneered by the intellectuals, Bernard de Jussieu. The tenants of the garden plots were thrown out. The Vegetable Garden retained its experimental character, and between 1801 and 1815 the "National Nursery" was set up in the Clos des asperges and The Eleven to select the best fruit varieties.

*Three centuries of economic constraints at the King's Vegetable Garden*

Creating the King's Vegetable Garden cost over a million pounds. La Quintinie and François Le Normand had to maintain the Vegetable Garden with an annual budget of eighteen thousand pounds added to which the king paid for the woodwork, trellises and frames. The wages of the gardeners and workers were paid out of the garden's general budget. When Louis XV acceded to the throne, Trianon removed the Vegetable Garden from the centre of the court's activity. Repairs were constantly put off although the garden was required to produce more than ever. For the next thirty years, those responsible for the garden had to beg to obtain manure from the royal stables and an over-enthusiastic civil servant even went as far as to calculate the price per hundred square metre of each production, and concluded that the Vegetable Garden's budget could be cut even further ! Le Normand made up for the lack of funds out of his own pocket. Following several improvements made in 1785, the Vegetable Garden functioned normally once more but very quickly funds ran out, and with each regime changeover, the Vegetable Garden had to fiercely defend its budget. Auguste Hardy, director of the Vegetable Garden, wrote in 1857 to his administration supervisor to confirm that "the Vegetable Garden cannot be compared to a factory: it is more like a luxurious establishment. While a factory produces that which will make it the most money, the Vegetable Garden is obliged, indeed required, to produce all kinds of fruit and vegetables and sometimes it even produces at a loss".
Tired of fighting for funds, the Vegetable Garden clamoured for the means to function normally, for gardeners and equipment. Little has changed today !
In 1872, following a period of uncertainty regarding its future, the allocation of the King's Vegetable Garden was removed from the Civil List, the administrative body which managed imperial property, and joined the Ministry of Agriculture which remains the main administrative supervisor for the Ecole nationale supérieure du paysage.
The Vegetable Garden is still confronted with the same kind of problems as the kind of gardening it necessitates is extremely expensive. It will never be "profitable", but has nevertheless remained a prestigious venture, with his own logic.

Un chou.
*A cabbage.*

## L'âme du Potager du roi, les jardiniers

Malgré la mécanisation, le Potager du roi nécessite toujours une main-d'œuvre importante avec un savoir-faire rare. Lors des visites royales, les visiteurs s'extasient devant le nombre des ouvriers qui entretiennent le Potager et produisent ses merveilles : aux XVIIe et XVIIIe siècles, on parle d'une trentaine de jardiniers, dont un maître-garçon, deux premiers garçons, des livreurs, des ouvriers dont beaucoup sont journaliers, ainsi que des charretiers pour aller chercher le fumier. Certains jardiniers furent spécialement réputés, tels les Grison, ou Dumontier qui restaura les arbres du Potager après la Révolution. Le carré des serres et les douze mille arbres nécessitaient aussi, vers 1900, une main-d'œuvre nombreuse, affairée. Aujourd'hui, l'équipement s'est amélioré, mais il ne remplace pas l'expérience et la patience des maîtres-jardiniers. Le Potager du roi est cultivé par douze jardiniers, aidés de saisonniers aux périodes chargées (tailles, récoltes). Ils réalisent tous les travaux d'entretien des cinq mille arbres fruitiers, du matériel, la cueillette et le conditionnement des fruits, la culture des légumes, l'entretien des allées et massifs de fleurs... Chaque année, des arbres vieillissants ou dépérissants sont remplacés en conservant la tradition de formes et variétés fruitières remarquables au Potager du roi. Ainsi les arbres ont entre un et cent vingt-cinq ans.

La taille des magnifiques pyramides de poiriers vers 1900.
*The pruning of magnificent pyramids of pear trees, ca. 1900.*

## Retour à la production de fruits et légumes

Cependant, le Potager revient au domaine de la Couronne avec la fin de la République. Il retourne à sa destination première, la production. Richard est expulsé, et le comte Lelieur, "directeur des parcs, pépinières, et jardins de la Couronne", prend possession du Potager, déplorant l'état lamentable dans lequel les années de location l'ont laissé :
"Depuis qu'il est entré dans la liste civile, j'ai dû, avant de proposer de le mettre en culture, m'occuper de le défricher, d'en faire extirper les mauvaises herbes, les chiens dents, de faire labourer et niveler les carrés et les allées, de replanter tous les arbres fruitiers où ils étaient dépérissants, et de remettre à la taille tous ceux négligés."
Le Potager retrouve un nouvel élan jardinier. Le comte Lelieur replante beaucoup, renouvelle la collection, grâce à la pépinière du Luxembourg, atteste qu'il ne demeure plus d'arbres datant de La Quintinie, et fait restaurer par Dumontier les arbres qui peuvent être sauvés. Il rétablit aussi la culture des primeurs, et celle des asperges... Agronome, il poursuit ses travaux scientifiques afin d'améliorer les productions du Potager, fait avancer les recherches sur la taille des arbres, mettant fin, avec son ouvrage *La Pomone française*, aux principes élaborés par La Quintinie. Entouré de collaborateurs compétents, comme Barthélemy Edy aux primeurs, il redonne au Potager sa renommée, crée une collection de vignes, introduit des variétés américaines dans les arbres fruitiers. A la retraite de Lelieur en 1818, Placide Massey prend la direction du Potager. Il introduit à son tour de nouveaux légumes, dont le chou crambé, développe les cultures hâtées, en particulier celle des asperges. A partir de 1829 se développe l'utilisation du thermosiphon, inventé en 1777 par un Français, Bonnemain, mais très peu utilisé en France jusqu'alors. Le procédé permet de chauffer les serres par circulation d'eau chaude. Ce progrès permet l'extension des productions exotiques : la culture de l'ananas se développe extraordinairement, dans les serres à ananas ; un bananier, installé dans la grande serre, y fructifie en 1840.

## Return to fruit and vegetable production

The Vegetable Garden was returned to the Crown when the Republic came to an end and so it reverted to its original purpose, the production of fruit and vegetables. Richard was fired, and the Count Lelieur "director of the Crown's parks, nurseries, and gardens" took over the Vegetable Garden, commenting that it had been left in a deplorable state by those who had rented it: "Since it has been entered on the civil list, I have had, before suggesting we cultivate it, to clear the land, remove the weeds and couch grass, turn the earth and level the squares and the alleys, replant all the fruit trees that had died, and prune those that had been neglected". The Vegetable Garden was given a new lease of life. The Count Lelieur replanted vast amounts and renewed the collection thanks to the Luxembourg nursery. After examination he declared that no trees remained from La Quintinie's time, he also had the trees that could be saved restored by Dumontier. He reintroduced the growing of early fruit and vegetables, as well as asparagus. As an agronomist Count Lelieur continued his scientific research in order to improve the Vegetable Garden's output, speeded up research on pruning trees, and buried the principles put forward by La Quintinie with a book called *The French Pomona.* Surrounded by qualified collaborators such as Barthélemy Edy for early fruits and vegetables, he restored the Vegetable Garden's reputation, created a series of vines, and introduced American varieties of fruit trees. When Lelieur retired in 1818, Placide Massey took his place. He in turn introduced new vegetables, including sea kale cabbage, and developed early growth particularly in asparagus. From 1829 on, thermosiphon was used. This device had been invented in 1777 by a Frenchman, Bonnemain, but had hardly ever been employed in France until then. It consisted in heating the greenhouses by circulating hot water. This allowed the range of exotic products to be extended, and the culture of pineapples developed at a spectacular rate in the pineapple greenhouses. In 1840, a banana tree bore fruit in the large greenhouse.

### The gardeners: soul of the Vegetable Garden

Despite mechanisation, the Vegetable Garden still needs a large staff with extraordinary skills. Royal visitors were amazed to see the amount of workers required for the upkeep of the Garden and the cultivation of fabulous fruits and vegetables. In the XVIIth and XVIIIth centuries there were around thirty gardeners, which included a head-gardener, two assistant gardeners, delivery boys, several casual workers, as well as carters to fetch the manure. Some gardeners were quite famous, such as Grison, or Dumontier who restored the trees in the Vegetable Garden after the Revolution. The *carré* or square which contained the greenhouses and the Garden's twelve thousand trees also required many workers around 1900.
Today equipment has greatly improved, but it will never replace the experience and patience of head-gardeners. The King's Vegetable Garden is cultivated by twelve gardeners who are helped by seasonal workers during the pruning and harvesting periods. They are responsible for the upkeep of the five thousand fruit trees, the material they use, the picking and packing of fruit, the growing of vegetables, the upkeep of the alleyways and banks of flowers. Each year, old or withering trees are replaced while safeguarding the traditional and remarkable shapes and varieties of the Vegetable Garden's fruit trees. As a result, the trees are between one and one hundred-and-twenty-five years old.

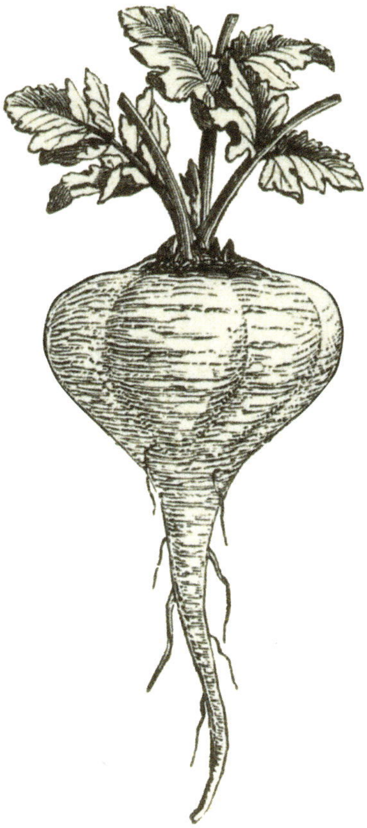

Le Potager fait de nombreux essais de culture légumière, tout en maintenant les cultures traditionnelles comme le panais.

*The Vegetable Garden experiments with several vegetables while maintaining traditional growths such as parsnips.*

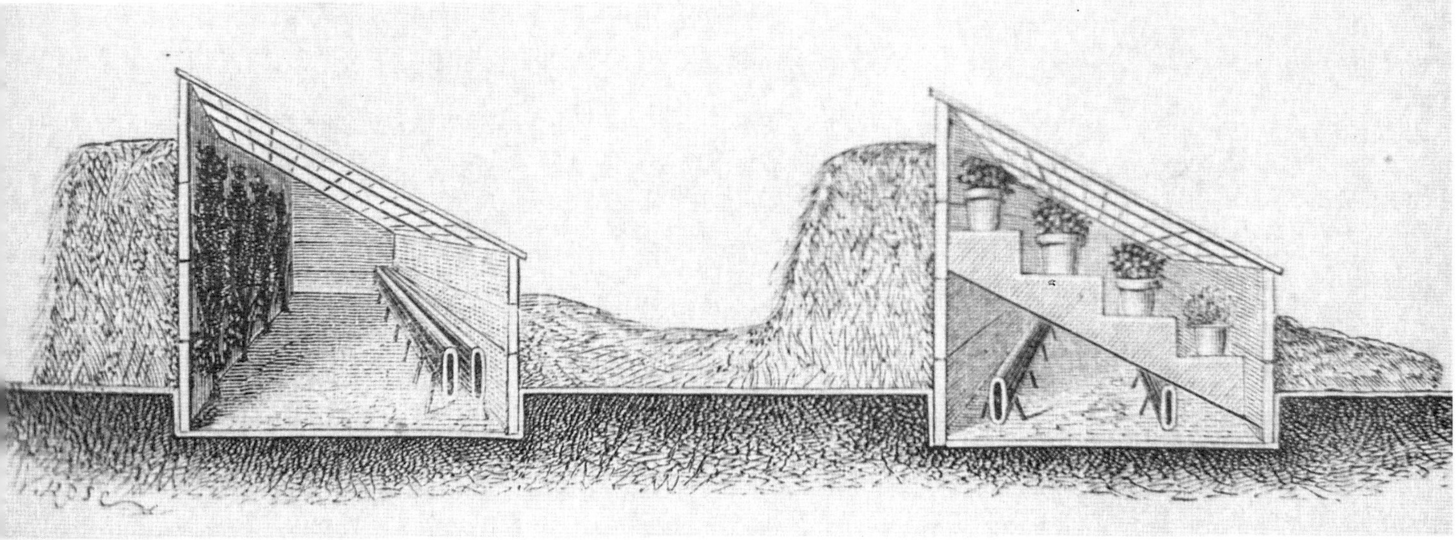

Bâches fixes pour la culture forcée de vigne et de fraisiers.
*Hothouses for the forced culture of vine and strawberries.*

page de droite : Les cultures des primeurs, ici d'asperges, restent au XIX^e siècle au centre de la production du Potager.
*right-page: A royal treat, asparagus.*

## Produire et enseigner

Avec la chute de la royauté, le Potager perd à nouveau sa vocation première, et l'idée d'un lieu pédagogique resurgit. L'enseignement agricole en France demande à être organisé, et, en octobre 1848, une loi crée l'Institut national agronomique à Versailles, avec, comme terrain d'application, le Potager. En 1849, Auguste Hardy, ingénieur agronome, devient jardinier-chef de l'institut, et remplace Massey au Potager. Il est également chargé d'enseigner aux élèves. Dès la fin de la République, l'INA est supprimé, ce qui permet à l'empereur de faire revenir le Potager à sa fonction productive.

Hardy reste cependant à la tête du jardin. Il installe en 1865 une Ecole de poiriers dans l'ancien jardin biais, crée de nouvelles variétés fruitières. Grâce à l'amélioration des techniques, la multiplication des serres, bâches et abris, les productions sont intensives.

Le Potager jouit d'une grande renommée, reçoit de nombreux visiteurs, mais la chute de l'empire lui porte atteinte : la main-d'œuvre est mobilisée, les crédits diminuent...

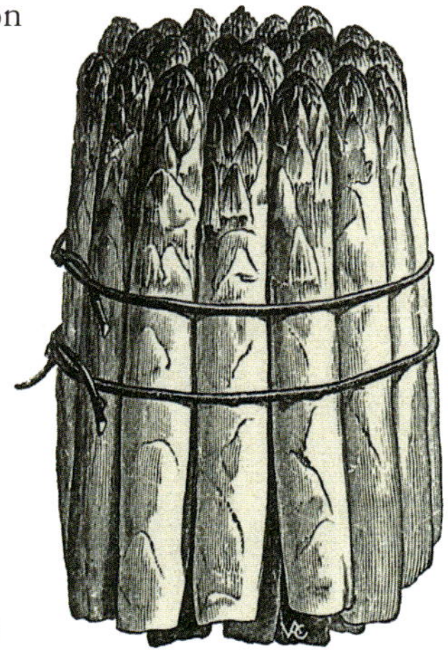

Depuis 1866, diverses voix se sont élevées pour demander l'organisation de l'enseignement agricole : les sociétés savantes, le conseil général de Seine-et-Oise, la Société des agriculteurs de France... Pierre Joigneaux propose en 1872 une loi pour créer l'Ecole nationale d'horticulture (ENH), qui ouvrira en 1874. Cette école devra s'autofinancer avec la vente des produits du Potager, qu'Hardy estime légèrement excédentaire, grâce au travail fourni par les cinquante "élèves-ouvriers" de l'ENH : il s'agit, dans l'esprit de ce qui deviendra l'école républicaine, de "former des jardiniers

## Producing and teaching

With the fall of the monarchy, the Vegetable Garden lost once again its original purpose which was to grow fruit and vegetables, and the idea to use it for pedagogical purposes returned. The teaching of agriculture in France needed to be organised, and in October 1848, a law established the National Agronomic Institute in Versailles (INA), for which the Vegetable Garden would be a practise ground. In 1849, Auguste Hardy, an agronomic engineer, became head gardener of the institute and replaced Massey in the Vegetable Garden. He was also put in charge of teaching the students. With the end of the Republic the INA was closed down which allowed the Emperor to restore the Vegetable Garden as a source of fruit and vegetables.

Hardy remained the head gardener. He set up a School of pear trees in 1865 in the former diagonal garden, and created new varieties of fruit trees. Thanks to the advance made in gardening techniques, the increase in the number of greenhouses, forcing frames and shelters, production was soon intensive.

The Vegetable Garden regained its excellent reputation and received many visitors, but the fall of the empire was to affect it badly. The staff was conscripted and grants were reduced.

From 1866 onwards, several people called for an agricultural school to be set up. Among them were the Seine-et-Oise County Council, educational bodies and the French Farmers Society. Pierre Joigneaux proposed a law in 1872 to create a National Horticultural School (ENH), and it was duly opened in 1874. The school was to be financially independent through sales of produce from the Vegetable Garden which Hardy reckoned was over target thanks to the work of fifty student-workers from the ENH. The school was, in the spirit of Republican education, to "form enlightened

## De la nécessité de traiter

Dans un endroit aussi fragile que le Potager du roi, les arbres ne peuvent être laissés sans soin contre les maladies. Ils sont donc traités, avec le souci de respecter l'environnement écobiologique du jardin. La Quintinie parle peu de traitements préventifs, mais détaille les mesures à prendre une fois la maladie apparue : changement de terre, épluchage, échenillage... Il s'avoue vaincu par certaines maladies : celles de la vieillesse des arbres, de la gomme du pêcher, ou des tigres du poirier, malgré son acharnement : "Il n'y a sorte de lessive de choses fortes, acres, corrosives, et puantes, comme de rues, de tabac, de sel, de vinaigre, etc. dont je ne me sois servi pour laver les feuilles et les branches, j'y ai employé de l'huile par l'avis de quelques curieux, j'y ai fait des fumées de soufre par le conseil d'autres, j'ai brulé les vieilles feuilles, [...] tous les jours même j'essaie d'imaginer quelque nouvel expédient..."
L'arsenal employé contre les insectes, qu'on commence à mieux découvrir grâce au microscope, est impressionnant... Mais La Quintinie recommande surtout d'avoir toujours des arbres prêts pour le remplacement.
Le XIXe siècle développe les traitements chimiques, et le Potager devient un lieu à la pointe de l'expérimentation : son directeur, le comte Lelieur, fait paraître en 1811 un ouvrage sur les maladies des arbres fruitiers. Duchartre y expérimente en 1850 le soufre contre l'oïdium de la vigne. La bouillie sulfo-calcique est aussi mise au point par Grison contre les cochenilles des arbres fruitiers. En 1875, Hardy mène la première expérience sur le doryphore, parasite de la pomme de terre. La seconde moitié du XXe siècle, par l'évolution des connaissances chimiques et une meilleure interprétation des cycles de reproduction des insectes et des maladies, permet aujourd'hui aux jardiniers de mener une lutte raisonnée alliant respect de l'environnement et emploi limité de produits chimiques de synthèse.

éclairés qui soient aptes, après deux années d'études théoriques et pratiques, à propager et vulgariser dans nos départements les bonnes méthodes et les bonnes explications".

Le Potager est le lieu idéal pour une telle implantation : "Quand on énumère toutes les richesses horticoles réunies à Versailles, on est naturellement conduit à reconnaître qu'il était impossible de trouver réunis des éléments d'instruction plus complets et plus variés."

L'école poursuit alors la tradition de production et d'expérimentation. Une station météorologique est installée, et différents programmes de recherche sur le sol, ou la conservation des fruits, sont menés à bien. Des traitements chimiques sont aussi mis au point. Les serres se multiplient, couvrant tout l'espace entre la Figuerie et la rue de Satory, jusqu'à la Grille du roi. On utilise encore les serres enterrées de Massey, et la grande serre adossée, reconstruite vers 1860, page de gauche : Les travaux d'entretien se succèdent sans cesse dans le jardin. Ici, vers 1900, les élèves posent devant l'un des vieux poiriers encore en place.

*left-page: Maintenance work went on all the time in the garden. Here, the students ca. 1900.*

gardeners who would be capable, after two years of practical and theoretical studies, to propagate and popularise in our departments the correct methods and explanations".

The Vegetable Garden was the ideal place for such an establishment:
"With all the horticultural wealth that is gathered in Versailles, we are naturally led to acknowledge the fact that it is impossible to find a more varied or complete set of teaching elements elsewhere."

The school continued its tradition of production and experimentation. A meteorological station was set up and various research programmes on earth or fruit preservation were carried out. Chemical treatments were also improved. More greenhouses were added, covering the entire space between the Figuerie and rue de Satory, as far as the King's Gate. The buried Massey greenhouses were restored as was the large leaning greenhouse, which was rebuilt around 1860 following a design by Questel. A special credit was attributed to build a Winter Garden in 1899 adorned with many ornamental plants. In its entirety it comprised of five thousand six hundred square metres of greenhouses. The School was now at the cutting edge of horticulture and had an excellent reputation. Former students travelled all over the world to head botanical gardens and farms.
Hardy emphasised the botanical aspect of the ENH by building a botanical school with one thousand nine hundred species of vegetables and a rose nursery in the former Clos

## The necessity to spray

In a place as fragile as the King's Vegetable Garden, the trees have to be treated against diseases. They are sprayed, but great care is taken to respect the eco-biological stability of the Garden.
La Quintinie says little about preventive treatment but speaks in detail about the measures taken once the disease appeared: changing of the earth, removal of leaves and pruning. He admitted there were some diseases he simply could not treat, such as ageing in trees, gummosis in peach trees, or spotting in pear trees, despite all his efforts.
"What is used to wash out strong odours, pungent, corrosive, and stinking, such as rue, tobacco, salt, vinegar, etc. I have used to wash the leaves and branches. I used oil on the advice of those who were intrigued by the problem, concocted oleum on the advice of others, I burnt the old leaves [...] nearly every day I tried to find a new solution..."
Insects were just being discovered thanks to the microscope, and the arsenal of measures against them was impressive. But above all, La Quintinie advised a stock of replacement trees.
Chemical treatments were developed in the XIXth century, and the Vegetable Garden was on the cutting edge of experiments carried out. Its director, Count Lelieur, published a work on disease in fruit trees in 1811.
Duchartre tried out the used of sulphur to combat mildew in the vineyard in 1850.
Sulpho-calcic bouillon was perfected by Grison against mealy bug in fruit trees. In 1875, Hardy carried out the first experiment on the Colorado beetle, a parasite which destroyed potatoes.
By the second half of the XXth century, there was a greater knowledge of chemistry and the reproduction cycle of the insects and the various diseases they spread. This knowledge serves the gardeners today, allowing them to use treatments moderately, to respect the environment and limit the amount of chemicals they require.

## Les virtuoses de la taille

Olivier de Serres, dans son *Théâtre d'Agriculture et Mesnage des Champs*, paru en 1600 (et réédité en 1997 par Actes Sud), parle des espaliers, simples haies placées dans l'endroit le mieux exposé du jardin, et composées d'arbres fruitiers soutenus par des pieux ou pals (d'où les noms d'espaliers ou palissades). La Quintinie, reprenant les principes des théoriciens qui l'ont précédé, en particulier ceux d'Arnauld d'Andilly, garnit les murs du Potager d'espaliers en forme d'éventail. On pratique alors le palissage à la loque, en maintenant les branches par un morceau de tissu, ou "loque", cloué au mur, ou, dans les établissements plus riches comme le Potager du roi, le palissage à l'aide de clous, d'attaches en osier fixées sur des échalas. Ces perches sont ensuite peintes en "vert des montagnes". Elles demandent beaucoup d'entretien.
La Quintinie n'avait pas garni les bords des carrés par des contre-espaliers, qui sont des formes palissées sur des armatures en fer et non pas adossées à des murs, il préférait employer des arbres nains. Au XVIIIe siècle, grâce aux progrès réalisés en tréfilerie, on remplace ces arbres nains, et l'on palisse les arbres pour en faire des contre-espaliers, tandis que l'on abandonne les principes de taille élaborés par La Quintinie.
Aujourd'hui, la taille est toujours réalisée manuellement par les jardiniers. Elle nécessite tout leur savoir-faire pour maintenir la bonne trentaine de formes fruitières différentes.

sur un plan de Questel ; un crédit spécial est alloué pour construire en 1899 un Jardin d'hiver, riche de très nombreuses espèces d'ornement. L'ensemble représente cinq mille six cents mètres carrés de serres. L'Ecole est à la pointe de l'horticulture et sa réputation est excellente. Les anciens élèves partent dans le monde entier diriger des jardins botaniques et des exploitations.
Hardy accentue aussi le caractère botanique de l'ENH, en implantant dans l'ancien Clos des asperges, devenu le jardin Duhamel-du-Monceau, une école de botanique avec mille neuf cents espèces végétales, une roseraie... Après l'hiver 1879-1880, dont les grands froids firent périr près de dix mille arbres, il renouvelle les variétés fruitières, et le Potager dispose alors de trois cent neuf variétés de pommes, cinq cent cinquante-sept de poires et quatre-vingt-quatorze de pêches. En outre, une collection de formes fruitières est installée dans le quatrième des Onze, tandis que l'on dénombre plus de trente formes d'arbres dans le Potager : spirale, prisme triangulaire, palmette, cordons, candélabres... Aujourd'hui les jardiniers du Potager sont encore les dépositaires d'un savoir-faire précieux, et continuent à maintenir vivant cet art de la taille.

page de gauche : Le savoir-faire exceptionnel des jardiniers : une palmette verticale double tige vers 1900.
*left-page: An example of the gardeners' remarkable skills: a vertical palmette with a double stem, ca. 1900.*

page de gauche : A la pointe de l'horticulture grâce aux serres : le Jardin français vers 1900.
*left-page: At the cutting edge of horticulture thanks to greenhouses: the Jardin français ca. 1900.*

des asperges which had become the Duhamel-du-Monceau garden. Following the winter of 1879-1880, when the frost destroyed almost ten thousand trees, he renewed the fruit tree varieties, and the Vegetable Garden then had three hundred and nine varieties of apple, five hundred and fifty-seven kinds of pears and ninety-four kinds of peaches.
Besides this, a collection of fruit trees in varying shapes was set up in the fourth of the Eleven, and the Vegetable Garden boasted over thirty shapes of trees: spiral, triangular, palmette, cordon and candelabra. Today the gardeners who work in the Vegetable Garden have preserved these precious skills and continue to keep the art of pruning alive.

Les outils de taille de La Quintinie.
*La Quintinie's pruning tools.*

## Masters of pruning

Olivier de Serres speaks about espaliers, simple hedges, well exposed and composed of fruit trees supported by stakes or pales (which later gave the terms "espaliers" or "fencing"), in his work *Théâtre d'Agriculture et Mesnage des Champs* published in 1600. La Quintinie covered the walls of the Vegetable Garden with espaliers in the shape of a fan, following the principles of the theorists that had preceded him, in particular Arnauld d'Andilly. He used rag fencing by which the branches were supported by a piece of material or "rag", nailed to the wall or, on wealthy properties such as the King's Vegetable Garden, fencing with nails, and attachments in willow tied to stakes. They were then painted in "mountain green", and required high maintenance.
La Quintinie chose not to plant the sides of the *carrés* or quadrangles with counter-espaliers, which are fence-like fixtures on iron frames and are not placed against the wall. Instead he planted miniature trees. Thanks to progress made in wirework in the XVIIIth century, the miniature trees were replaced and other trees were espaliered to make counter-espaliers. The principles of pruning, which had been developed by La Quintinie, were abandoned. These days pruning is still carried out by hand by the gardeners. It requires great skill in order to maintain the thirty or so different shapes to be found in the fruit trees.

## Les plantes d'agrément au Potager

Pour La Quintinie, utile et agréable ne faisaient qu'un. Aujourd'hui encore, arbres fruitiers et légumes constituent l'ornement principal du Potager du roi.
Mais, dans tout potager, fleurs et végétaux d'agrément ont leur place. Ici, par exemple, un effort est accompli pour diversifier les bordures qui séparent les circulations des terrains cultivés. Aux traditionnels filets de buis s'ajoutent des condimentaires tels le thym, la sarriette, l'oseille ou la ciboulette, et des fleurs rustiques (asters, gazon d'Espagne...). En saison, on remarque les grimpantes annuelles sur les supports de contre-espaliers en cours de rajeunissement. La juxtaposition des fleurs et des légumes est fréquente dans les parcelles de jardinage des élèves et des stagiaires de l'ENSP. Certains engrais verts (phacélie, radis, navette...) cumulent effet décoratif et relais alimentaire pour les abeilles. En outre, la vocation pédagogique du site a engendré un besoin de collections ornementales. Les collections actuelles sont en partie héritées de celles installées par l'ENSH. Un échantillon représentatif de plantes grimpantes et palissées couvre au revers le mur de la terrasse du Midi.
Au Duhamel se trouvent deux collections intéressantes. La rocaille a été sauvée de l'enfrichement grâce à la mobilisation soutenue et encore active d'un groupe d'amateurs bénévoles, les Rocailleurs. Le Fruticetum est une collection d'arbustes et de buissons, à l'origine ordonnancés en planches selon une classification systématique. Dans les années 1980-1990, de vigoureuses interventions ont sauvé le Fruticetum de l'embroussaillement, perturbant l'ordre botanique : prix à payer pour retrouver des allées et clairières qui permettent d'apprécier les arbustes dans leur plein développement et d'assurer une gestion rationnelle. Cent soixante-quinze espèces et variétés sont visibles aujourd'hui, dont le rare magnolia à feuilles géantes, l'orixa du Japon et le camérisier de Maack.
Soucieuse de diversifier ces références, l'ENSP a saisi diverses opportunités de créer des collections nouvelles. Sur la terrasse Hardy, une collection de grandes fleurs et graminées regroupe les plantes par types de comportement en culture. Au centre, surveillé par le buste d'Auguste Hardy, le jardin d'herbes fines du service de cultures légumières perpétue la mémoire des condiments cultivés par La Quintinie. Au jardin Massey, un échantillonnage de plantes couvre-sol offre de précieux enseignements, en particulier au pied du mur exposé au nord. Dans le carré 8 du Grand Carré, à côté des terrains d'exercice des stagiaires, le service de formation continue expérimente le comportement de diverses plantes vivaces. Des essais comparatifs sur paillages et de prairies semées complètent le dispositif au carré Duhamel-du-Monceau.
Au fond de ce dernier jardin, un arboretum contemporain du Fruticetum a été couché par la tempête. Sur son emplacement, le département d'écologie met en place, depuis 2002, un ensemble associant une lisière arbustive à un pré-verger – têtards d'osier et arbres fruitiers peu communs (azerolier, cornouiller mâle, cormiers...) sur prairie ; une banquette taillée, montrant les comportements de divers arbustes soumis à la tonte régulière, délimite les jardins à usage privatif du pavillon.
Parmi les jardiniers, c'est une toute petite équipe qui, outre l'entretien minimal du parc Balbi, soigne ces collections. Des journées complémentaires encadrées par le département d'écologie sont proposées aux élèves, pour entretenir le Fruticetum, les parties communes du jardinage étudiant et les terrasses Saint-Louis, Hardy et Massey.

De nouvelles plates-bandes fleuries offrent leurs couleurs et senteurs.
*New flowerbeds with their colours and scents.*

## Plants for pleasure at the Vegetable Garden

As far as La Quintinie was concerned, business and pleasure were one. Even today fruit trees and vegetables are the main attraction in the King's Vegetable Garden. However, flowers and attractive vegetation are a feature of all the vegetable plots. Much effort is put into diversifying the borders which separate cultivated ground. Sub-shrubs such as thyme and savory can be found among the traditional lines of box tree, as well as lines of sorrel or chive and hardy flowers such as asters or Spanish grass. In season visitors can enjoy the climbing varieties such as 'Morning glory', or Mexican bindweed, supported by counter-espaliers. The juxtaposition of flowers and vegetables is common in the ENSP student and trainee's plots. Some green manure such as radish or rape are decorative and serve as nourishment for the bees.
The pedagogical aspect of the garden created the necessity for ornamental collections. The present collections have in part come from the ENSH. The climbing and espaliered plants that cover the wall of the South terrace are a good example. There are two interesting collections at the Duhamel. The rockery has been saved from going to seed thanks to the ongoing efforts of a group of volunteer amateurs called the Rocaille Workers. The Fruticetum is a collection of small shrubs and bushes which originally had several authorised varieties in hotbeds according to their classification. Between 1980 and 1990, tough policy saved them from becoming overgrown. These actions upset the botanical order of things but they were the price to be paid for pathways and clearings which allow the visitor to appreciate the shrubs as they grow and promote rational management of the garden. These species and varieties can still be appreciated, among them the rare magnolia with giant leaves, *Orixa japonica* and the *Lonicera maackii.*
In order to gather the widest variety of vegetation possible, the ENSP has taken various opportunities to create new collections. On the Hardy terrace a collection of large flowers and grasses are displayed according to their progress during cultivation. In the centre, under the sculpture of Auguste Hardy, the memory of La Quintinie lives on in the herb garden and the condiments he used to grow there. In the Massey Garden, a selection of plants provide precious instruction in the north-facing plots, in particular on the back wall. In *carré* number 8 of the Grand Carré, near the trainees' exercise grounds, the in-house training department experiments with the behaviour of various perennial plants. Plots of comparative trials on the growth of perennials, on mulching and cultivated grassland complete the layout of the centre of the Duhamel-du-Monceau rectangle.
At the bottom of this garden, an arboretum as old as the Fruticetum was flattened by a storm. In its place, the ecology department has set up a new orchard: meadowland, willow, and rare fruit trees including Neopolitan medlar, male dogwood and service tree, bordered with shrubs. A pathway of low hedges to demonstrate the behaviour of various shrubs which are regularly sheared, indicate where the pavilion's private gardens begin.
A small team of gardeners look after the Balbi Park and these collections. The ecology department also offers day courses to the students as back-up to the permanent teams, to maintain the Fruticetum, the Saint-Louis terrace, the privately owned student gardens or the daily upkeep and categorising of the Hardy and Massey terraces.

page de gauche : La rocaille.
*left-page: The rockery.*

La collection de plantes ornementales dans le jardin d'hiver de l'Ecole d'horticulture. / *The ornamental plants collection in the Winter Garden of the Horticulture school.*

## De l'"Horti" au paysage

En 1891, Auguste Hardy décède, remplacé par Jules Nanot, qui continue à assurer le renom du Potager du roi et celui de l'ENH. L'enseignement dispensé aux élèves est très complet, incluant un cours sur l'architecture des jardins et des serres. Cette discipline est enseignée par Darcel, collaborateur d'Alphand, puis par le célèbre architecte-paysagiste Edouard André, entre 1892 et 1905, remplacé par son fils René-Edouard André, auquel succède Duprat. Progressivement, l'enseignement de l'art des jardins prend de l'ampleur. La personnalité de ces enseignants et leur renom contribuent à former des paysagistes qui se targuent de sortir de l'Ecole de Versailles, et se reconnaissent comme disciples. Ils fondent leur pratique sur une connaissance parfaite des plantes, en apprenant aussi les sciences de l'architecture, de l'optique, de la conduite des travaux... L'enseignement du paysage se développe à l'Ecole d'horticulture. On y fonde en 1945 une Section du paysage et de l'art des jardins.

En 1961, l'ENH, qui délivre le diplôme d'ingénieur horticole, devient une école nationale supérieure : elle recrute des étudiants ayant déjà accompli un cycle d'études supérieures, qui se destinent à la recherche ; elle dispense alors un enseignement plus théorique, et le développement de la recherche horticole moderne les éloigne du jardin. Ils mènent encore cependant quelques expériences, produisent des semences dans le Potager. La Section du paysage prenant toujours plus d'importance, un décret fonde en 1976 l'Ecole nationale supérieure du paysage (ENSP), établissement rattaché à l'ENSH. En 1995, l'ENSH quitte Versailles pour Angers et l'ENSP devient seule responsable du Potager du roi. Classé en 1926 monument historique, celui-ci est ouvert à la visite depuis 1991, tandis que les premiers travaux de rénovation sont amorcés, avec la réfection du grand bassin et de la Grille du roi, grâce à un mécénat du World Monument Fund. La tempête de 1999, si elle n'a causé que des dégâts relatifs pour le Potager, a été

## From Horticulture to Landscape School

In 1891, August Hardy died, and was replaced by Jules Nanot who kept up the reputation of the King's Vegetable Garden and the ENH. The teaching at the school covered many topics, including a course on the architecture of gardens and greenhouses. This discipline was taught by Darcel, Alphand's collaborator, then by the famous landscape architect Edouard André between 1892 and 1905 when he was replaced by his son René-Edouard André, in time succeeded by Duprat. Over time the teaching of the art of gardens became an important element. The personalities and reputations of the teachers helped to train landscape gardeners who boasted of their studies at the Versailles School and considered themselves to be its disciples. Their work was based on a thorough knowledge of plants, the science of architecture, optics and overseeing of projects. Landscape teaching developed at the Horticultural School and in 1945 a department devoted to landscape and the art of gardens was opened.

In 1961, the ENH, which bestowed horticultural engineer diplomas on its graduates, became a recognised national college (ENSH). It admitted students who already held a degree and wanted to pursue further research. The school offered more theoretical courses and the development of modern horticultural research meant the students spent less time in the garden itself. They did however carry out some experiments there, and produced various seeds for the Vegetable Garden. The Landscape Department grew in importance, and so in 1976 the Ecole nationale supérieure du paysage (ENSP, National School of Landscape) was created and attached to the ENSH. In 1995 the ENSH left Versailles and set up in Angers, leaving the ENSP responsible for the King's Vegetable Garden. Listed as a heritage building in 1926, this has been open to the public since 1991, and the first restoration work was carried out on the large ornamental lake and the King's Gate, thanks to the patronage of the World Monument Fund. The storm which took place in 1999 caused only minor



page de droite : Jardinage étudiant au Deuxième des Onze.
*right-page: Students' plot in the Eleven Garden.*

## Une école pour les paysagistes de demain

Depuis 1995, le Potager du roi est affecté à l'Ecole nationale supérieure du paysage qui a reçu depuis près de trente ans la mission de former des paysagistes diplômés par le gouvernement (DPLG) : venus d'horizons très divers, à bac + 2 au moins, les élèves mènent à Versailles une scolarité sur quatre ans. Les différents départements (projet, arts plastiques, techniques, sciences humaines, écologie) entretiennent des relations privilégiées avec le Potager : les élèves réalisent par exemple des expérimentations sur les petites parcelles qui leur sont affectées.
Au cœur de l'enseignement à l'école se situe le projet de paysage, c'est-à-dire le plan opératoire d'une intervention sur un territoire donné. Cette pratique est pluridisciplinaire : le paysagiste doit œuvrer avec l'ensemble des décideurs publics et privés, et travailler en relation étroite avec d'autres professionnels (ingénieurs, architectes, urbanistes, écologues, historiens, géographes, sociologues, jardiniers, etc.). Le paysagiste, parce que son objet est par essence divers, doit avoir des compétences de chef d'orchestre : agissant sur notre cadre de vie, il s'adresse à l'ensemble de la société.
Le département de la formation continue dispense par ailleurs un programme complet de formation au jardinage et à la conception de parcs et jardins dont les cours ont lieu dans et autour du Potager du roi.

l'occasion d'une prise de conscience des pouvoirs publics qui ont lancé un programme pluriannuel de travaux.
Aujourd'hui, l'héritage de La Quintinie est presque intact. Le Potager a gardé sa forme, malgré les quelques aménagements nécessaires réalisés au fil des siècles. Il reste un lieu de mise en scène de la culture des fruits et des légumes, et des savoir-faire des jardiniers, avec ses gradins, la scène, les acteurs. Seuls les spectateurs ont vraiment changé, entraînant avec eux le changement de la vocation du lieu. A la place du roi et de sa cour, ce sont maintenant les visiteurs, les gourmets et les étudiants qui animent les terrasses du Grand Carré.
Le Potager offre l'image d'un art trop longtemps méconnu, celui du jardinage, tout en maintenant vivante la triple vocation du lieu : la production, l'expérimentation et la pédagogie. La production offre à la récolte cinquante tonnes de fruits et trente de légumes par an, tout en réintroduisant des variétés anciennes, notamment dans le carré de la collection, où près de deux cents variétés de pommiers et de poiriers ont été rassemblées, représentant des variétés rares, intéressantes d'un point de vue historique ou gustatif, selon l'esprit de La Quintinie qui faisait de sa collection un banc d'essai. Les cultures légumières produisent aussi des variétés rares, soit d'origine étrangère soit d'anciennes variétés locales...

damage to the Vegetable Garden but the authorities nonetheless decided to launch a programme of long-term renovations.

Today La Quintinie's legacy is almost intact. The Vegetable Garden has maintained its original layout despite some necessary changes over the centuries. It remains a remarkable place, especially for its fruit and vegetable cultures, the skills of its gardeners and its impressive terraces. Only the public has changed, along with the vocation of the Garden. In the place of the king and his court, visitors, gourmets and students now fill the terraces of the Grand Carré.

The Vegetable Garden represents the art of gardening that remained for many years relatively unknown while maintaining its vocation for production, experimentation and teaching. Over fifty tons of fruit and thirty of vegetables are harvested each year. In keeping with La Quintinie's philosophy of the collection being a testing ground for new strains, ancient varieties are frequently reintroduced, particularly in the Carré de la Collection. There, almost two hundred varieties of apple and pear trees are grown, some representing rare historic varieties, some especially gastronomic. Vegetable farming also produces rare varieties, some of foreign origin, others ancient, local varieties.

page de gauche : Depuis la cathédrale...
*left-page: Bird's eye view from the cathedral...*

ci-dessus : Le projet, base de l'enseignement du paysage : jardin Duhamel-du-Monceau, par Guillaume Lomp, ENSP.
*above: The project, at the heart of teaching landscaping.*

pages suivantes : Salades.
De l'art d'utiliser le soleil...

*following pages : Lettuces.*
*The art of using the sun...*

## A school for tomorrow's landscapers

Since 1995, the King's Vegetable Garden has been allocated to the Ecole nationale supérieure du paysage, whose mission for the past thirty years has been to train landscapers who hold government diplomas (DPLG). They come from a variety of backgrounds and hold at least two years university studies. They then spend a further four years studying in Versailles.
All departments projects, visual arts, technique, social sciences and ecology – have close ties with the Vegetable Garden, and the students carry out experiments on small plots.
An important part of the school's syllabus is the landscape project, or the execution of a project on a particular terrain. This is multidisciplinary and the landscaper must work with a team of public and private decision-makers and collaborate closely with other professionals such as engineers, architects, town planners, ecology experts, historians, geographers, sociologists, gardeners, etc. The landscaper, whose work is by definition varied, must have the same skills as an orchestra conductor: by acting on our environment he influences society as a whole.
The in-house training department offers an entire programme on gardening and park and garden design. Classes are taught in and around the King's Vegetable Garden.

## Des paysagistes jardiniers

Depuis 1986, le département d'écologie de l'ENSP programme des travaux pratiques de jardinage au Potager complétant les cours théoriques et travaux dirigés sur l'utilisation des plantes.
A chaque rentrée, la nouvelle promotion prend possession d'un terrain dans le Potager. Le parcellaire est tantôt repris du cycle précédent, tantôt redessiné par les élèves. Ils s'associent par trois ou quatre pour jardiner en équipe une parcelle de vingt-cinq à soixante mètres carrés pendant trois ans. Ils peuvent y cultiver toutes les plantes herbacées, vivaces ou annuelles, légumes, fleurs ou feuillages, plantées ou semées. L'organisation de la parcelle est leur affaire dans la mesure où ils respectent le cahier des charges : il leur est demandé de se cantonner aux constructions utiles pour les cultures et faciles à démonter, et à des terrassements et décaissements limités à ce qui sert un propos jardinier. Il est imposé de ne pas planter d'arbres, d'arbustes, ni d'herbacées vivaces difficiles à éradiquer en fin de cycle, et de ne pas laisser un sol nu durant une saison entière ni de surfaces incultes. Enfin, il faut entretenir et stimuler la fertilité du sol et respecter les marges de passage avec les cultures voisines.
Une certaine "permissivité encadrée" est toutefois incontournable si les élèves sont convaincus de leur mission jardinière auprès des publics du Potager.
L'encadrement est assuré par des jardiniers enseignants expérimentés. Porteurs d'idées fortes sur le jardinage, qu'ils savent communiquer, ils doivent cumuler les qualités de jardiniers et d'artistes, seuls ou en s'associant. Présents dans le jardin quelques jours par mois, ils doivent écouter et conseiller les apprentis jardiniers tout en encourageant initiative et créativité, gérer avec les élèves les espaces communs et surtout jardiner leurs propres parcelles. Tout aussi expérimentales que celles des élèves (terrain nouveau, travail en équipe, temps de présence limité), celles-ci apportent démonstration par l'exemple.
Pour jardiner, les besoins sont minimes et les élèves doivent apprendre à échanger des plantes, à récupérer du matériel végétal. Chaque année, une modeste commande de graines apporte de la diversité et fait découvrir des espèces. On peut produire sous abri des plants qui seront disponibles au moment opportun – instructive attitude de prévision. Des plants en excédent sont donnés par les jardiniers du Potager, et les plantes vivaces sont récupérées, divisées et mises en jauge quand on remet à nu les parcelles en fin de cycle.
Chaque année, conjointement avec le département d'arts plastiques, un concours de jardinage est organisé fin juin pour stimuler l'activité jardinière des élèves et entretenir la convivialité entre les divers jardiniers du Potager, qu'ils appartiennent aux services de production et d'entretien, à la formation continue, ou qu'ils soient amateurs. Les jurés, jardiniers et artistes extérieurs et responsables d'équipes du Potager, donnent des conseils aux élèves et formulent un avis sur la qualité de leur parcelle. L'évaluation porte sur le bon état du sol, la vigueur des plantes, la diversité des variétés cultivées, la tenue de la parcelle, l'astuce des aménagements, l'originalité des résultats et du "moteur", mobile ou histoire inventée qui fait marcher, voire parler ce jardin (et ses jardiniers).

## Gardeners and landscapers

Since 1986, the ecology department of the ENSP organises practical gardening work in the Vegetable Garden to complement the theory classes and tutorial work on the use of plants. At the beginning of each school year, the new students take over a plot of land in the Vegetable Garden. Work on the plot is either carried on from the previous year or redesigned by the new students. For three years they landscape a piece of land between twenty-five and sixty square metres in groups of three or four. They can grow all herbaceous plants, perennial or annual, vegetables, flowers or foliage, planted or in seed form. The organisation of the plot is up to the students, although they have to respect the specifications of the garden. Their work must be useful in cultivation terms, and easy to dismantle. Excavation and expenditure should be limited to what serves the gardener best. No planting of trees, shrubs, or perennial foliage difficult to eradicate at the end of the cycle is allowed. Neither the soil nor any uncultivated surfaces should be left bare for an entire season. The fertility of the soil must be stimulated and maintained and the space between neighbouring lots must be respected.
A certain "controlled permissiveness" is however inevitable if the students are passionate about their gardening project and its reception by the public of the Vegetable Garden. Their work is supervised by experienced teaching gardeners. The latter often have strong ideas about gardening which they can communicate to the students, and must combine the qualities of gardener and artist. They are in the garden a few days each month and are required to listen and advise the apprentice gardeners while encouraging initiative and creativity, look after communal gardens with the students and above all work on their own plots. Their work is as experimental as the students (new land, team work and minimum presence) and they set an example for them.
It doesn't take much to garden, and the students must learn how to exchange plants and recuperate vegetal material. Each year a small order of new seeds provide diversity and introduces the students to new species. Plants can be grown under glass to be available when required, an example of how to plan ahead. Surplus plants are given away by the gardeners of the Vegetable Garden and perennial plants are recuperated, divided up and trenched when the plots are cleared at the end of the cycle.
Each year, at the end of June, a gardening competition is organised in tandem with the visual arts department to stimulate the student's gardening skills and encourage conviviality between the various gardeners who work in the Vegetable Garden, whether they work in production and maintenance, in-house training or are beginners. The juries, gardeners and visiting artists as well as the curators of the Vegetable Garden advise the students and give their opinion on the quality of their plots. They take into account the state of the soil, the health of the plants, the diversity of the species grown, the maintenance of the plot and how it has been laid out, how original the results are as well as the "motor" or invented story which makes that particular plot work and express itself, and indeed the gardener himself.

La tradition de l'expérimentation continue à animer le Potager d'un mouvement dynamique, à travers les travaux et jardinage, des élèves de l'Ecole du paysage et d'artistes-jardiniers invités, tandis que les cours dispensés par la formation continue assurent la continuité dans ce savoir précieux du jardinage et de l'art du jardin.
Au prix d'un travail quotidien des jardiniers, le Potager offre un cadre unique pour découvrir les fruits de la nature, dans leur diversité de goûts, de formes et de couleurs. Au cours de la promenade, le plan formel et régulier du potager laisse place à la surprise : un jardin étudiant très inventif, un arbre qui a fleuri plus tôt, ou une branche spécialement productive, les courges envahissantes qui débordent de leur carré... Ici, la nature et son bel écrin de pierre se mettent mutuellement en valeur sous l'œil vigilant du jardinier.

The tradition of experimenting has continued in the Vegetable Garden with the renovation and gardening work of the students from the National School of Landscape and artist-gardeners who are invited to the school. In-house training guarantees that the precious knowledge of gardening and the art of the garden will continue down through the centuries.
The daily work carried out by the gardeners means that the Vegetable Garden is an extraordinary place to discover a wide variety of fruits and enjoy the different tastes, shapes and colours. Strolling through the grounds, a visitor will see the strict layout of the Vegetable Garden give way to the unexpected – an imaginative student garden, a flower in early blossom, a particularly abundant branch, or marrows overflowing their beds. Here nature and its beautiful stone setting are perfect foils for each other, under the vigilant eye of the gardener.

L'expérimentation se poursuit au Potager : art du jardinage
et arts plastiques se répondent dans les carrés étudiants.

*Ecology and visual arts complement each other in the students' plots.*

**Crédits photographiques**

Frédéric Abergel : 38
Bibliothèque nationale de France : 35.
ENSP : 8, 9, 10, 12, 16 (en bas), 17, 20, 21, 24, 26, 34, 46, 47, 48, 49, 50, 53, 57, 60.
ENSP / J.-F. Baudé : 16 (en haut), 37, 52.
Etablissement public du musée et du domaine national de Versailles. Cl. J.-F. Baudé : 13, 31.
J.-B. Leroux : couverture, 4, 6, 14, 15, 18, 19, 27, 36, 39, 40, 43, 55, 63, 68, 69.
G. Lomp : 61.
A. Petzold : 28, 32, 33, 44, 56, 62.
M. Rumelhart/G. Chauvel : 59, 66.

**Origine des illustrations**

8 et 9 : dans La Quintinie, *Instruction pour les jardins fruitiers et potagers*, nouvelle édition, 1730.
10 : Pérelle, Plan du jardin du potager du Roy à Versailles, s. d.
12 : dans La Quintinie, *Instruction pour les jardins fruitiers et potagers*, 1690.
13 : plan masse du château, du parc et de la ville de Versailles vers 1770-1775.
16 : en haut : Plan cavalier du Potager vers 1690. Détail. Conservé au Centre historique des archives nationales, O 1 1846, liasse 5, n°1. En bas : dans *Annales de pomologie*, 1853.
17 : dans La Quintinie, *Instruction pour les jardins fruitiers et potagers*, nouvelle édition, 1730.
20 : dans Mas, *Le Verger*, 1865.
21 : dans Duhamel du Monceau, *Traité des arbres fruitiers*, 1768.
24 : dans Decaisne, *Le Jardin fruitier du Muséum*, s. d.
26 : dans Duhamel du Monceau, *Traité des arbres fruitiers*, 1768.
31 : reconstruction de la bâche n° 5, s. d.
34 : à gauche : dans Abbé Rozier, *Cours complet d'agriculture*, 1789. A droite : dans Duhamel du Monceau, *Traité des arbres fruitiers*, 1768.
35 : *Superbe repas présenté au roi et aux princes*, 1730. Cabinet des Estampes.
37 : document conservé au Centre historique des archives nationales, O 1 1846, liasse 5, n° 18.
47 : dans Vilmorin-Andrieux, *Les Légumes usuels*, Armand Colin, Paris,1890.
48 : dans *Bulletin des anciens élèves de l'ENH*, 1896.
49 : dans Vilmorin-Andrieux, *Les Légumes usuels*, Armand Colin, Paris,1890.
53 : dans La Quintinie, *Instruction pour les jardins fruitiers et potagers*, 1690.
57 : dans *Bulletin des anciens élèves de l'ENH*, 1896.

*Remerciements à Frédéric Abergel, Anne-Lorraine Bujon, Manuel Pluvinage, Marc Rumelhart et tous les jardiniers.*

## Visites du Potager du roi

**10 rue du Maréchal-Joffre 78 000 Versailles**

**Ouverture :**

• Pour les visiteurs individuels :

De début avril à fin octobre, tous les jours de 10 heures à 18 heures.

Les week-ends et jours fériés, visites-conférences à 10h30, 11 h 30, 13 h 30, 14 h 30, 15 h 30, 16 h 30.

• Pour les groupes (max. 30 personnes), avec conférencière, toute l'année sur réservation.

La **boutique** offre toute l'année fruits et légumes de saison, une sélection d'ouvrages et des produits faits à partir de nos fruits et légumes.

De début avril à fin octobre : tous les jours, de 10 heures à 18 heures.

De novembre à fin mars, du lundi au vendredi, de 10 heures à 18 heures.

**Tarifs :**

• Tarif normal : 6,50 € week-ends et jours fériés, 4,5 € en semaine.

• Tarif réduit (étudiants, en recherche d'emploi, retraités, famille nombreuse) : 3 €.

• Groupes : 130 € / 72 € pour les scolaires. (Supplément de 30 euros pour une visite en langue étrangère.)

**Renseignements et réservations :**

Tél. : 01 39 24 62 62 / Fax : 01 39 24 62 01.

**Accès SNCF :**

RER, ligne C : Versailles-Rive gauche
Paris-Montparnasse : Versailles-Chantiers
Paris Saint-Lazare : Versailles-Rive droite.

**Cours de jardinage :**

Tél. : 01 39 24 62 26 / Fax : 01 39 24 62 90.

**Opening hours:**

• For the general public

From beginning of April to the end of October, every day from 10:00 to 18:00.

Week-ends and bank holidays, visit/lecture: 10:30, 11:30, 13:30, 14:30, 15:30, 16:30.

• For groups (max. 30 people) including a lecturer, all year long, booking is required.

The **boutique** sells seasonal fruits and vegetables throughout the year, and products made from our fruit and vegetables.

**Tariffs:**

• Regular entrance fee: 6.50 € at week-ends and bank holidays, 4.50 € on weekdays.

• Reduced entrance fee: students, unemployed, retired, large families, 3 €.

• Groups: 130 € / 72 € for schoolchildren. 30 € extra for a visit in another language.

**Information and Booking :**

Tel.: 01 39 24 62 62 / Fax.: 01 39 24 62 01.

**Location:**

RER, ligne C: Versailles-Rive gauche
Paris-Montparnasse: Versailles-Chantiers
Paris Saint-Lazare: Versailles-Rive droite.

**Gardening courses :**

Tel.: 01 39 24 62 26 / Fax.: 01 39 24 62 90.

Ouvrage reproduit
et achevé d'imprimer
en août 2003
par l'imprimerie
Pollina à Luçon
pour le compte
des éditions Actes Sud,
Arles,
et de l'Ecole nationale
supérieure du paysage,
Versailles.

Dépôt légal septembre 2003
Nouvelle édition : septembre 2003
N° impr. : L90719
*(Imprimé en France)*